Dans cet ordre d'écrits au persiflage quintessencié, au joli
babil littéraire, tout pleins de tours de phrases, exécutés avec
une prestesse singulière, un abbé, l'abbé Coyer, a écrit un livre
qui mérite sa place parmi les plus délicates et les plus incisives
ironies : ce sont les Bagatelles Morales, et je ne connais rien,
dans notre langue, d'une impertinence de style plus grand
seigneur, que sa Lettre à une dame anglaise qui, dans
l'édition originale publiée séparément, porte le titre : Lettre
à une jeune dame nouvellement mariée.   P.169
(Edmond de Goncourt

BAGATELLES

MORALES.

BAGATELLES MORALES.

. . . . . . ridentem dicere verum,
Quid vetat ? . . . . . . Horat.

Par M. L'Abbé COYER.

NOUVELLE ÉDITION,

Confidérablement augmentée.

A LONDRES,

Et fe trouvent à Paris ;

Chez la Veuve DUCHESNE ;
Libraire, rue S. Jacques, au Temple
du Goût.

M. DCC. LXIX.

AVERTISSEMENT.

Je rassemble dans ce Recueil des Pieces qui ont déja paru : ce seroit bien ici le cas d'implorer l'indulgence du Public ; mais elle doit être usée, depuis que les Auteurs la mettent à de si fréquentes épreuves. Quel parti prendre ? Je m'engage, (foi d'Auteur) à le dédommager dans la suite par des Ouvrages très-utiles, dont voici les titres : Preuves démonstratives que le peuple est composé d'hommes. Procédé sûr pour faire un citoyen, d'un courtisan.

Machine politique pour engrener les vertus avec le gouvernement d'un Etat. *Aurai-je assez fait?*

PIECES

Contenues dans ce Recueil.

BAGATELLES

BAGATELLES
MORALES.

LE SIECLE
PRÉSENT.

ENTENDRAI-JE toujours déplorer la décadence du Siecle ? *Les Arts, les Sciences, le Goût, les Talents, les Vertus, tout s'affoiblit, tout tombe :* voilà ce qui fe dit & s'imprime. Les Étrangers ne nous croiront que trop fur notre parole. S'il n'y avoit que les vieillards qui fiffent l'éloge du paffé, on ne s'alarmeroit pas fur le

A

préfent ; mais le cri devient général : *Où font ces Citoyens illuftres, ces Génies en tout genre, qui éleverent la France au deffus des Nations ?* Toujours citer nos peres ! Nous les valons bien, nous valons mieux.

Voyez, me dit-on, dans la Capitale tous les monuments qui l'embelliffent, à qui les doit-elle ? Et moi, je dis : Jetez les yeux fur les plans que nous formons : Hôtel de Ville qui changera fa barbarie gothique en beauté romaine, un Grenier public où l'Abondance & l'Architecture fe donneront la main, des Salles de Spectacles mieux étendues & plus noblement conftruites, une Colonnade à l'exemple d'Athenes, nous placerons les Statues de nos grands hommes, ce centre de la Ville élargi & aligné, ces Fontaines décorées qui verferont leurs eaux dans de grands baffins, ces Quais continués qui iront chercher la Seine à l'autre extrêmité de Paris, ces Ponts débarraffés de maifons, ce Boulevard pouffé au Midi pour enfermer la Ville dans un jardin continu. Voilà ce que nous projetons depuis que nous occupons le théatre ; & fuſſions-nous encore le reſte du ſiecle à pro-jeter, ce ne ſeroit pas trop pour de ſi grandes choſes. Le temps amenera tout, & nous trouverons des Man-ſards & des Perraults : ils ſont trou-vés, ils s'eſſaient tous les jours ſur les Palais de la finance, bien ſupé-rieurs aux Hôtels des Princes dans le dernier âge ; donc l'Architecture pu-blique aura la même ſupériorité.

Mais lorſque le génie de l'Archi-tecture prenoit un ſi grand vol, la Peinture s'élevoit auſſi haut. On a vu ſous le même regne plus de trente Peintres d'une haute réputation.

Que veut-on dire ? Manquons-nous de Peintres ? Entrons dans le Sallon où on expoſe les Ouvrages de chaque année : que de Paſtels ! Eh ! qu'importent les Batailles d'Alexan-dre ou les Victoires de Louis XV. objets que nous connoiſſons aſſez ? Ne vaut-il pas mieux nous montrer des perſonnages groteſques & nouveaux ? On aime à deviner , on aime à rire : quel est l'inconnu représenté dans ce Portrait ? Comment se nomme ce Bouffon qui grimace ? Voilà ce qui s'appelle tirer les Citoyens de l'obscurité. Qu'on ne croie pas cependant que nous abandonnions l'Histoire ; elle se promene sur les équipages.

Cette envie de louer les Peres aux dépens de leur postérité , s'étend à tout : *Corneille* , *Racine* , *Moliere* , *Quinaut* , *Lulli* ! Voilà de beaux noms , j'en conviens ; cependant il n'en est pas moins vrai que nous nous sommes ouvert sur nos Théatres des sources de plaisir qu'ils ne connoissoient pas ; les Contes de Fées mis en action , les Comédies pathétiques , les Feux d'artifice , les Bouffons lyriques , les Marionnettes même ennoblies pour le Boulevard. D'ailleurs ces Peres du Théatre étoient-ils de vrais génies ? Copistes de Sophocle , d'Euripide , de Plaute , de Térence ; Dramatiques très-surannés , avec lesquels nous ne lions pas connoissance;

nous tirons tout de notre propre fonds,
& ce fonds eſt inépuiſable. Qu'on
interroge le Sénat comique, il répond que ſon embarras eſt de régler
les rangs entre les Auteurs qui ſe
battent pour occuper la Scene.

Veut-on apprécier au juſte les talents du Théatre ; qu'on examine le
degré de chaleur qu'ils répandent
dans le public. Le *Prince de Salerne*
a eu des repréſentations ſans nombre :
l'*Oracle* ne finiſſoit pas , & on le con-
juroit de parler encore. Moliere. ne
vit pas autant d'empreſſement pour
le *Tartufe* & le *Miſanthrope*. Lorſqu'*Epicaris* a voulu paroître , tous
les bureaux d'eſprit, d'eſprit de qualité ſur-tout , l'ont annoncé magnifiquement , la Ville & la Cour ont
ſoupiré pour la voir : heureux qui a
trouvé place ! On douta parmi nos
peres ſi *Athalie* pourroit ſoutenir le
grand jour. L'Opéra depuis Lulli
a-t-il gagné ou perdu ? Il a gagné
ſans doute. Quel eſt ce trouble uni-
verſel ! Tous les viſages changent ,
tous les yeux s'allument, toutes les

voix s'élevent, je n'entends qu'un cri : Avez-vous lu ? *c'est un cynique atrabilaire, un frénétique, un furieux, un monstre : ô terre ! ô ciel ! qu'il soit banni, qu'on le mette en pieces...* Expliquez-vous, qu'a-t-il fait ? Je tremble pour la patrie... *Il a écrit que nous ne chantons pas bien.....* Rien ne marque tant la sublimité des talents que cette sensibilité extrême, cet enthousiasme général.

Non, non, ne craignons pas de rougir en rencontrant nos aïeux dans la carriere de l'esprit. Opposons-leur avec sécurité nos Fabulistes, nos Romanciers, nos Faiseurs de caracteres, nos Satyriques, nos Orateurs, nos Savants. Point de détail ni de discussions ; elles ne font pas faites pour une Nation qui pense à la hâte. Mais il est des regles sures pour juger en gros entre deux générations. Il y a plus d'esprit, plus de lettres, plus d'érudition, plus de science dans celle où il se trouve plus de Libraires, plus d'Ecoles publiques, plus d'Académies, plus de cercles de Savantes. Or tous ces magasins d'esprit ont doublé, triplé de nombre. Sous Louis XIV. il étoit assez ordinaire que le fils du Laboureur cultivât la terre, que celui de l'Artisan ne connût que ses mains ; aujourd'hui ils disputent de Religion, figurent au Barreau, ou prononcent aux Spectacles : nos terres & nos manufactures en souffrent un peu ; qu'importe ? L'esprit a gagné l'état. Il a fallu donner une Académie à chaque Province ; bientôt chaque Bourgade aura la sienne. Lorsque la Reine des Académies appuya son trône sur quarante colonnes, elle crut que ce petit nombre quadreroit avec tous les siecles ; elle ne prévoyoit pas la fécondité du nôtre : que d'apprentifs frappent à sa porte ! Elle avoit des idées qui n'étoient propres qu'à décourager les talents ; elle disoit que l'éloquence devoit persuader & toucher, la Poésie instruire & plaire. Combien d'Orateurs & de Poëtes n'oserent se produire ? Ils ont vécu trop tôt. Nous leur apprendrons à se chamarrer de figures, de métaphores, d'antitheses & d'agréments de toute espece, à persuader indépendamment des raisons, à plaire sans créer des idées. On se désabuse avec le temps : des imaginations gigantesques comparoient l'éloquence à un torrent qui entraîne tout avec bruit ; nos ruisseaux qui murmurent sous des fleurs ont bien d'autres charmes. La Poésie étoit un feu divin qui embrasoit les ames : nous avons laissé éteindre ce volcan terrible, & nos Artificiers tirent des fusées sur le Parnasse. Il me semble voir *Bossuet* ou *Corneille* à l'ouvrage ; quelle agitation ! quel tourment ! quelles convulsions ! L'âge d'or revient parmi nous, nous accouchons sans douleur, notre prose coule doucement, & nos jeunes Poëtes font des vers de sang froid.

Lorsqu'on peut arriver par des routes faciles, est-ce un mérite he s'embarrasser dans des sentiers épineux ? Etoit-il fort nécessaire de distinguer *l'imitation* du *plagiat ? Boi-*

beau, pour s'approprier l'or d'Horace ou de Juvenal, le tiroit de la mine & le travailloit : nous le prenons tout fait. On estimoit des pédants qui pâlissoient sur Homere & Démosthene ; nous nous amusons quelquefois avec cette antiquité devenue françoise, sans nous donner le pénible ridicule d'être hérissés de grec. Cherchoit-on une science, on fouilloit laborieusement dans les sources pour l'embrasser toute entiere ; les Journaux, les Dictionnaires, les Almanachs nous la donnent en découpures, en prend qui veut & d'un air désoccupé. Il n'y avoit alors que les gens de qualité qui fussent tout sans rien avoir appris : le privilege n'est plus exclusif ; on court les bureaux d'esprit, les jolis soupers, les spectacles, & on est étonné de se trouver Auteur. On étoit persuadé que pour faire un Livre il falloit avoir quelque chose de nouveau à dire : tous les jours nous en voyons éclorre qui étoient déja nés. Cette surabondance de science reflue sur le sexe. Il n'écoute plus, il

A 5

parle, il disserte, il prononce, il compose.

Mais un mot décide. Qui donne le prix des lettres & des sciences à nos anciens ? Le *Public*, direz-vous. Moi, je m'en tiens au jugement des gens du métier ; or les gens du métier, les Auteurs, (excepté trois ou quatre qui tiennent au dernier âge, & qui y ressemblent trop pour n'être pas suspects) tous se couronnent les uns les autres. Apprenons à juger d'après les vrais connoisseurs. En général l'esprit de l'autre siecle manquoit d'une qualité essentielle : il n'étoit pas subtil, il ne saisissoit que les grands traits ; le nôtre s'attache aux petits, nous disséquons les vertus, nous analysons les sentiments, nous fendrions un cheveu en quatre. On écrivoit, & il ne falloit dans le Lecteur que du bon sens pour comprendre ; la finesse est devenue nécessaire, souvent l'Auteur ne s'entend pas lui-même ; il se devine. On n'employoit la Métaphysique que dans les disputes d'École ; nous l'appliquons à d'autres usages : elle peint les mœurs, elle se fâche ou s'attendrit dans les passions, elle embellit nos Comédies & nos Chansons.

Parmi les reproches qu'on nous fait, un seul me paroît mériter attention. On dit que nous mêlons les styles, que *la Fontaine* dans ses Fables étoit toujours naïf, *Rousseau* dans ses Odes toujours sublime, & que nous sommes sujets à détonner. Un Distillateur ordinaire fait des liqueurs simples qui n'ont qu'un goût; un grand Artiste en compose qui ont tous les goûts. Ils étoient rares chez nos peres, ces grands Distillateurs d'esprit, ils sont fréquents parmi nous: être *Bel Esprit* n'est plus une distinction.

Esprits vulgaires, vous objectez que cette fievre épidémique peut préjudicier au commerce, que Carthage n'avoit point de Lycée, Athenes point de Douane. L'une & l'autre avoient tort. Le Commerce est le nerf de l'État, comme l'esprit en fait l'ornement : il s'agit de les concilier,

& c'est ce qui nous réussit. On croit nous fermer la bouche, quand on dit que nos peres donnerent naissance aux Draps d'Abbeville & de Sedan, qu'ils perfectionnerent les Manufactures de Soie, qu'ils coulerent des Glaces plus belles & plus grandes que celles de Venise, que nous leur devons les Dentelles, les Tapisseries des Gobelins, le Fer-blanc, l'Acier, la belle Porcelaine ; qu'en même temps on vit naître les Compagnies des deux Indes, que la Mer fut couverte de Vaisseaux marchands, & que tout cela fut exécuté en six ans : c'est quelque chose. Mais compte-t-on pour rien l'exercice d'un commerce plus noble & plus fructueux ? Les gens en place trafiquent de leur autorité, les Grands de leur protection, le sexe de ses charmes, nos Romanciers de leurs phrases. Cette derniere branche est plus considérable qu'on ne pense. On fait des ballots d'esprit pour la Hollande, la Suisse & l'Allemagne ; on en fait aussi des pacotilles pour l'Amérique. Ce commerce eſt tout gain , parce qu'on ne donne rien pour tirer beaucoup.

D'ailleurs ne ſait-on pas que l'induſtrie augmente le commerce , en élevant les choſes au deſſus de leur valeur ordinaire ? Un diamant travaillé eſt d'un autre prix qu'un diamant brut. Nous avons au moins doublé l'induſtrie du ſiecle paſſé. C'eſt ſur-tout dans le commerce intérieur du Royaume qu'elle ſe rend ſenſible : tous les *Commeſtibles* ſe ſont tellement perfectionnés , que ſur nos tables une moitié vaut ce que valoit un tout , & au-delà. On n'avoit pas alors dans les caves publiques le ſecret de faire des vins de Bourgogne avec le raiſin d'Orléans , & même ſans raiſin. Une Compagnie célebre a donné de ſi bons ordres pour améliorer le café & toutes les denrées orientales , que nous lui paſſons 50. pour 100. au lieu de 10. qu'elle gagnoit autrefois. Tous les Arts , ceux qui nous habillent, ceux qui nous logent, ceux qui nous meublent , ont multiplié leurs profits. Ce n'eſt plus la matiere qui coûte, c'eft la façon: qu'un Procureur écrive, qu'un Avocat plaide, qu'un Médecin faffe une ordonnance, la matiere eft la même qu'anciennement ; mais la façon eft d'un prix décuple. Nous avons de vieux Citoyens qui fe fouviennent d'avoir été riches, & qui fe plaignent d'être pauvres, fans avoir perdu un fol de leur revenu ; c'eft leur faute; pourquoi manquent-ils d'induftrie au milieu d'une Nation où il y en a tant ? Il en eft une qui fe préfente aux plus ftupides, & qui paffera fans doute de la Capitale aux Provinces ; cent louis prêtés dans un grand befoin, peuvent doubler en moins d'un an. Si cette efpece d'induftrie manque aux gens de qualité, faute de matiere premiere, en voici une autre. Vous avez befoin, Marquis, d'une fomme ; appellez un Marchand, achetez à fon mot de la dorure, de la foierie, du faxe ; vendez enfuite à moitié perte, l'autre moitié vous refte ; le Marchand croit vous duper, il eft votre dupe.

Il n'est pas surprenant qu'avec tant d'habileté nous ne soyions plus riches que nos peres. Un Artisan en bas de soie les eût étonnés, une Bourgeoise en diamants les eût fait gémir ; nos meubles valent mieux que les maisons qu'ils nous ont laissées : qu'un Financier eût bâti un des Palais que nous voyons, on l'auroit taxé ou dépouillé. Paris n'avoit point d'équipages : le Roi, ses Généraux & ses Ministres allerent à cheval à la conquête de la Flandre : aujourd'hui, graces à notre opulence, il n'est Commis des Vivres qui ne se rende à l'Armée en chaise de poste. On respiroit dans les Camps un air de simplicité qui ne donnoit pas grande idée de la Nation. La table du grand Turenne étoit servie en assiettes de fer, & le Marquis d'Humieres fit une chose extraordinaire, lorsqu'à la tranchée devant Arras, il fit voir de la vaisselle d'argent.

On ne connoissoit l'or qu'en monnoie ; il n'étoit employé qu'à établir des Manufactures, qu'à construire des Ports & des Flottes, qu'à élever des Monuments, qu'à circuler dans l'État. Nous le fixons, nous le travaillons pour la magnificence : il se transforme en cent petits meubles qui diftinguent la bonne compagnie ; il enrichit nos étoffes, il brille fur nos voitures & dans nos appartements ; il a même paffé aux anti-chambres ; un Laquais de l'autre fiecle qui auroit tiré une montre d'or, eût été arrêté comme un voleur.

Devenus plus riches, il eft naturel que nous répandions davantage. Chez nos peres la beauté fans fortune manquoit d'habit ; chez nous elle eft couverte de pierreries. Chez eux un cadet de famille étoit obligé de vivre d'une Lieutenance ; chez nous, qu'il fe faffe connoître d'une Douairiere furannée, le voilà dans l'abondance. Chez eux les gens de livrée, après avoir vieilli dans le fervice, fe croyoient heureux s'ils fe retiroient avec un petit néceffaire ; chez nous ils parviennent : le portier d'un homme en place aura un portier à fon tour.

Nos avantages fur eux fe précipitent en foule au devant de ma plume. Leurs hommes d'État n'occupoient qu'une place, & ils penfoient faire beaucoup s'ils la rempliffoient bien. Leurs Évêques ne venoient que rarement fe former à la Cour. Leurs Prédicateurs ne favoient pas orner l'Évangile. Leurs Médecins fans équipage n'avoient rien de joli dans le propos. Leurs Chirurgiens ne parloient pas latin. Les Dames titrées étoient mal-adroites à fe fabriquer des graces, & les Bourgeoifes n'empruntoient d'elles que de faux agréments ; les Petits-Maîtres même avoient un air gauche. La nature étoit ingrate : le grand Condé *naquit* Général ; on s'étonna, il fut dans toutes les bouches. Nos petits Seigneurs *naiffent* Capitaines & Colonels ; à peine en parlons-nous.

J'ai entendu cent fois vanter les *Talons*, les *Bignons*, les *Lamoignons*, les *Seguiers* : ils regardoient les Magiftratures comme des objets de la plus noble ambition : toute leur fortune n'étoit pas trop pour y monter. Notre âge est plus avisé ; nous ne destinons les grands hommes qu'à l'acquisition des places de Finances : quand tout sera Financier, le bonheur sera universel ; nous y tendons. Mais enfin quelle fut la gloire de ces héros de Thémis ? On vit naître de leurs travaux le Code de la Marine, celui du Commerce, les Statuts pour les Manufactures, l'Ordonnance criminelle & civile ; ils réformerent les Loix. Encore un pas, ils faisoient un très-grand mal, ils détruisoient la chicane : elle a bien augmenté de forces ; les détours du labyrinthe se sont multipliés sous notre génie ; l'art d'éterniser les procès est trouvé, tout le monde le voit : mais ce que tous les yeux ne voient pas, c'est que la chicane, au degré où nous l'avons portée, est un bien plus grand que la réformation des Loix. On ne guérit efficacement les passions des hommes, qu'en les tournant contre eux-mêmes. Les Citoyens comprendront enfin que demander justice, c'est se ruiner.

On dit , plus que jamais , qu'il eſt plus ſage de ſe laiſſer dépouiller d'une partie , que de perdre le tout ; cent propos pareils , qui annoncent le dégoût des procès, on ne plaidera plus.

Ce n'eſt pas tout. Nous avons banni une foule de préjugés qui tourmentoient nos aïeux. Ils croyoient que la protection ne donnoit pas le mérite ; que pour être Marquis , il étoit néceſſaire d'avoir un Marquiſat; qu'avant que de ſe galonner , il falloit avoir des habits ; que les dettes du jeu n'étoient pas les ſeules dettes d'honneur ; que les offres de ſervice devoient ſignifier quelque choſe ; qu'un Citoyen n'épouſoit que pour lui ; qu'une Ducheſſe ſe déshonoroit auſſi facilement qu'une Bourgeoiſe. Ils prenoient au tragique cent choſes qui nous amuſent , la liberté réciproque dans le lien conjugal, les inclinations d'arrangement , les conquêtes bruyantes des hommes à bonnes fortunes, la profuſion d'un Traitant, la molleſſe d'un Militaire , la frivolité dans les grandes places , le talent d'être méchant avec esprit , l'art de donner des ridicules , les plaisanteries sur la Religion.

Nous en avons, de la religion, plus qu'ils n'en avoient. Le Sage dit que *la langue parle de l'abondance du cœur.* La Religion n'est-elle pas le sujet de toutes les conversations , le propos le plus à la mode ? Il est à craindre qu'on ne se rouille sur les habits de goût , les vernis, les boîtes émaillées ; dissertations vraiment intéressantes pour un cercle. Les Filles de Port-Royal parurent tout-à-fait singulieres, lorsqu'elles commenterent le Caté-chisme ; aujourd'hui Curés & Évêques font aux prises avec des Nones ou de riches Bourgeoises , qui leur développent, une gazette à la main , le sens de l'Écriture & des Peres.

Il est tout simple qu'avec plus de Religion nous ayions plus de Vertu. Nos Peres avoient peut-être plus de bonne foi dans le Commerce , plus de vérité dans l'amitié , plus de fidélité dans leurs promesses , plus d'entrailles pour les malheureux , plus

d'amour pour le bien public : Vertus
de paganifme, difent fort bien nos
Prédicateurs ; Vertus qu'admiroient
Athenes & l'ancienne Rome. Mais
nous avons plus de Vertus chrétiennes :
ce font les feules bonnes. *Heureux
ceux qui font doux & traitables*, dit
l'Évangile ! On nous croiroit pêtris
de cire & de miel. *Heureux ceux qui
ont foif de la juftice !* Notre langue
s'attache à notre palais à force de l'appeller. *Heureux les pauvres !* Nous
faifons mieux, nous endurons la faim
fur des tas de bled ; & quoique, pour
l'honneur de la Nation, nous nous cou-
vrions de foie, d'or & de pierreries,
nous nous refufons cent chofes plus
néceffaires. *Heureux ceux qui pleurent !*
Nous regardons tout autour de nous,
& fortant de notre caractere national, nous oublions de chanter & de
rire.

Il eft une Vertu que tous les Fon-
dateurs d'Ordres Religieux appellent
à jufte titre, *la Vertu des Anges*, c'eft
le célibat. Nos peres en connoiffoient
bien peu la fublimité. Colbert ofa

encourager le mariage, & il fut généralement applaudi : on exempta de
la Taille pour cinq ans les gens de
campagne qui s'établiroient à vingt
ans, & pour toujours un pere de famille qui auroit dix enfants. Nous
avons abrogé ce réglement profane.
Si nos Laboureurs se marient encore,
c'est en moindre nombre, & ils craignent de multiplier. Cet amour du
célibat fait encore plus de progrès
dans les Villes. On y voit quantité de
vierges de trente ans & de garçons
de cinquante. On ne marie que les
aînés, de peur que la Nation ne
périsse tout-à-fait ; encore faut-il
qu'ils aient un nom à soutenir ou
quelque maniment de deniers publics.

Enfin, plus j'accumule nos avantages, plus j'en découvre, & je ne
finis que parce qu'on finit même de
louer un *Crésus* à sa table. Si j'osois
dire que nos peres avoient de plus
belles perruques, des habits plus élégants, des meubles plus recherchés,
des équipages plus lestes, une danse
plus légere, un meilleur ton de com-

pliments, on me lapideroit. Il y a mille bouches & autant de plumes qui publient que leur Architecture étoit plus noble, leur Pinceau plus fort, leur éloquence plus mâle, leur Poéfie plus naturelle, leur Commerce plus floriffant, leurs entreprifes plus vaftes, leur génie plus élevé, leurs Héros plus grands; & on n'interdit pas le feu & l'eau à ces mauvais Citoyens, qui nous arrachent nos lauriers pour en couronner des ombres qui ne s'en foucient pas.

DÉCOUVERTE

DE

LA PIERRE

PHILOSOPHALE.

L y a un mois que je ba-lance ; travaillerai-je à per-fectionner les *Pantins*, ou à mettre la France à son aise ? Après avoir bien pesé ces deux grands ob-jets, le dernier m'a paru mériter la préférence : cette Capitale ne sera peut-être pas de mon avis ; mais je demande la permission d'être sin-gulier.

La guerre, malgré les ressources de cet Empire, nous appauvrit, par cette regle d'Arithmétique, que plus

on

on ôte , moins il reste ; & le pain du
peuple se trouve en proportion du
plus au moins avec les Villes que
nous prenons. Tel qui, avant la prise
d'Ypres, en mangeoit deux livres
par jour, n'en mange plus qu'une ;
& si les grands en ont encore à discrétion, il est écrit sur le livre du
Boulanger. Les impôts extraordi-
naires sont des maux nécessaires quand
il faut acheter de la poudre à canon ;
& je suis bien persuadé que le grand
Monarque qui nous gouverne , s'il
pouvoit sans impôts gagner des batailles , acheteroit encore à ce prix le
titre de *Bien-Aimé*. Cela ne se peut
en tout , mais en partie , & singuliérement sans *dixieme*. Comment cela ?
En taxant nos vices, au lieu de taxer
nos biens. J'entre en matiere.

Je suppose que le dixieme mette
dans les coffres du Roi cent millions
de livres par an : je force la mesure
afin d'éviter les chicanes. Il est question de trouver cette somme dans le
trésor de nos vices. Heureusement il
est surabondant. Je n'en soumets que

B

six à la taxe, qui, étant ou plus ré-
pandus ou plus ordinaires aux riches,
fourniront plus d'argent. Les voici:
Le Parjure, la Médisance, le Larcin
de l'honneur, l'Infidélité conjugale,
les Dettes, les petites Maisons.

Taxe du Parjure.

Pour ôter toute équivoque, dé-
finissons clairement le Parjure. Nous
entendons un mensonge confirmé par
serment, soit devant un Magistrat,
ou derriere un comptoir, dans les
offres de service, ou devant deux
beaux yeux. Examinons quelle somme
peut sortir de cette infirmité. Qu'il y
ait seulement cent quarante mille personnes qui y succombent une fois
chaque jour. La supposition doit paroître modeste, si l'on considere qu'il
y a plus de douze millions d'habitants dans ce vaste Royaume ; & encore plus modeste, si l'on fait attention
à la grande utilité du Parjure dans le
commerce de la vie, dans toute forte
de trafic, dans les procès, dans les

promeſſes obligeantes qu'on ne tient
pas , dans les conquêtes amoureuſes
que l'on médite. A ſept ſols ſix deniers chaque Parjure , eſt-ce trop ?
Il me ſemble que non. Quand pour
ſept ſols ſix deniers on peut gagner
un procès , faire périr ſon ennemi ,
doubler ſon commerce , acquérir la
réputation d'homme obligeant , vaincre une cruelle , c'eſt un argent avan-
tageuſement placé. Reprenons. Cent
quarante mille perſonnes payant ſept
ſols ſix deniers , donnent la ſomme de
cinquante-deux mille cinq cents cinquante livres pour un jour. Par con-
ſéquent le produit de cette taxe pour
un an , eſt de dix-neuf millions deux
cents quinze mille livres.

Taxe de la Médiſance.

Il faut de toute néceſſité que dans
cette Nation il y ait une moitié toute
bonne , & l'autre toute mauvaiſe ,
puiſqu'une moitié eſt toute occupée à
médire de l'autre. Il y a plus. Il faut
encore que la moitié qui étoit bonne
hier , ſoit mauvaiſe aujourd'hui , puiſ-

B 2

que celle dont on médisoit hier, est aujourd'hui la *moitié* médisante. C'est un prodige, mais on ne dispute pas des faits. Voilà un fonds abondant pour le trésor public. En effet, à supposer seulement un million de Médisances par jour, de la pointe de la Bretagne jusqu'au Rhin, & de la Flandre jusqu'à la Méditerranée, à trois sols chaque Médisance, un jour donne cent cinquante mille livres, & un an donne cinquante-quatre millions neuf cents mille livres.

Cependant, pour marquer au beau sexe l'attention qui lui est dûe, n'en exigeons que la moitié de la taxe, & même accordons-lui chaque jour vingt Médisances gratuites; si les hommes se plaignent de cette inégalité, qu'ils considerent que la Médisance est un talent qui n'est point naturel à notre sexe, mais un art acquis & forcé, dont tous les actes sont par conséquent bien volontaires, & par-là même, selon la plus saine Théologie, bien coupables. Au lieu que la nature a placé dans la langue féminine un ressort toujours agissant, plus prompt que la pensée, un nerf extrêmement sensible, qui tressaillit au moindre défaut du prochain. Qu'ils considerent encore, que si on taxoit les Dames dans toute la rigueur, ce seroit peut-être les condamner à un silence perpétuel. Quelle mélancolie se répandroit sur tout le Royaume!

Ainsi, en faveur de cette raisonnable diminution, réduisons le produit annuel de la taxe à moitié. Reste encore vingt-sept millions quatre cents cinquante mille livres.

Taxe du Larcin de l'honneur.

Il s'agit dans cette taxe de cette espece d'honneur que notre sexe vole à l'autre, malgré son extrême vigilance ; de cet honneur qui se conserve communément après être perdu, & qui renaît pour être encore volé ; de cet honneur enfin qui est plus précieux avant qu'il soit engagé qu'après. Je le prends ici avant tout engagement. L'infidélité dans le mariage mérite bien une taxe à part.

Je crois, sans exagérer, que dans une Nation où il y a tant de voleurs & point de verroux, il se fait bien cent mille vols en vingt-quatre heures, jour ou nuit. Voilà donc cent mille coupables sujets à la taxe. Que chaque vol soit taxé à vingt sols, je vois cent mille livres entrer chaque jour dans les coffres du Roi. Ce qui produit la somme de trente-six millions six cents mille livres par an.

Taxe de l'Infidélité conjugale.

Dans une Nation où il y a douze millions d'habitants, il y a environ trois millions de mariages. Parmi tant de mariages on peut compter dix mille jeunes femmes unies à de vieux maris, dix autres mille dont les maris ont des maîtresses ; la vengeance est douce ; cinq mille associées à des maris bourrus, & enfin cent mille femmes aimables répandues dans les Villes à garnison, ou à portée des Colleges, des Chapitres

& des Abbayes ; que de ce nombre
total qui nous préfente cent vingt-
cinq mille femmes dont la vertu eft
en fouffrance, il forte feulement cinquante mille Infidélités chaque femaine pour le bien public, à une
livre dix fols l'Infidélité ; cette taxe
produira par an trois millions neuf
cents mille livres.

On fera peut-être furpris de ce
que dans un fi grand Royaume, où
les maris font fi traitables, nous ré-
duifons les Infidélités à un fi petit
nombre, d'autant plus que Boileau
de fon temps ne comptoit que quatre femmes fidelles dans cette Ville
immenfe ; mais au Parnaffe on ne fe
pique pas de calcul.

D'ailleurs je crois à propos d'é-
xempter de cette taxe la bonne Ville
de Paris, pour deux raifons. La premiere eft qu'il paroît jufte de favori-
fer les étrangers qui y apportent leur
argent ; cet impôt pourroit rendre
les femmes moins obligeantes. La
feconde eft que la Capitale donnant
ordinairement le ton à l'Etat, il eft

bon qu'elle ne soit point gênée dans ses leçons, afin que le reste du Royaume, en les pratiquant, rende davantage au trésor public.

L'on n'entend pas soumettre à cette taxe les femmes qui auront une notable difformité, une bosse, par exemple, des yeux chassieux, une maigreur frappante, &c. ni celles qui parlant à leur miroir, conviendront de bonne foi de leur laideur, ni enfin celles qui auront passé cinquante ans. Quant aux hommes, on exempte ceux qui auront atteint soixante & dix ans.

Taxe sur les Débiteurs.

Avoir des dettes en France, est un titre de noblesse, & même de grandeur. Le Sacristain d'une Cathédrale avec cent pistoles d'appointement, a encore un louis le 31. Décembre, qui ne doit rien à personne ; mais son Évêque, qui a depuis dix ans cinquante mille livres attachées à sa mitre, devroit encore ses Bulles, si

Rome faisoit crédit. Un Bourgeois avec deux mille écus de rente, éleve six enfants ; vis-à-vis de lui loge un grand Seigneur qui n'en a qu'un, avec cent mille écus , & il doit à tous les métiers. C'est un privilege des grandes conditions. J'en bénis le Ciel, cet impôt ne chargera pas le peuple.

Cela étant, comptons les Grandeurs , les Excellences , les Éminences , tous les Monseigneurs , & généralement tous ceux qui occupent des places élevées dans la Monarchie. N'en portons le nombre qu'à deux cents mille. Supposons favorablement qu'il n'y en ait qu'une moitié chargée de dettes , voilà cent mille débiteurs. Taxons-les à dix sols par jour , seulement pour les faire ressouvenir de leurs créanciers. Un an donne la somme de dix-huit millions trois cents mille livres.

Il paroît raisonnable d'exempter de cette taxe ceux qui n'auront que des dettes du jeu , & ceux qui donnent tous les ans dix mille livres aux pauvres.

B 5

Taxe sur les petites Maisons.

Voici encore une espece de taxe qui ne tombe point sur le peuple ; elle est donc bien dans les principes de l'humanité. Pour avoir une grande Maison, il ne faut que trente mille livres de rente. Mais pour en avoir une petite, il en faut cent mille, à bon marché faire. C'est ordinairement un asyle de plaisir & d'abondance. N'est-il pas juste d'y prendre quelque chose pour le bien public ? De compte fait il entre dans une petite Maison douze agréables & quatre femmes par semaine, ou la même femme quatre fois. Le Propriétaire paiera une livre par homme, & trois livres par femme, n'y entrât-elle que pour faire des nœuds.

Ainsi cinq cents petites Maisons, à vingt-quatre livres par semaine, donneront six cents vingt-quatre mille livres pour un an.

Les jours où le Propriétaire ira souper dans sa petite Maison, avec sa femme, ſes enfants ou ſon Curé, ne ſeront pas ſujets à la taxe.

Jetons à préſent un coup d'œil ſur le produit de ces différentes taxes, & voyons ſi elles peuvent remplacer le dixieme.

	du Parjure,	19215000
	de la Médiſance,	27450000
Produit	du Larcin d'honneur,	36600000
	de l'Infidélité conjugale,	3900000
	des Dettes,	18300000
	des petites Maiſons,	624000

Total. Cent ſix millions quatre-vingt-neuf mille livres, ... 106089000

Le produit du dixieme n'étant que de cent millions, ci 100000000

Voilà un excédant de ſix millions quatre-vingt-neuf mille livres, qui ſera deſtiné à payer les Officiers qu'on emploiera dans la nouvelle ferme.

On me demandera peut-être les moyens de lever ces taxes : ce ſeroit chaſſer ſur les terres des Fermiers Généraux. Il me ſuffit de leur avoir montré le lievre, je laiſſe à leur induſtrie le ſoin de l'attraper. S'ils le manquent, je ne refuſerai pas mes conſeils. Qu'il me ſoit ſeulement permis d'ajouter deux mots pour faire mieux ſentir l'utilité de ce grand projet.

Je ne l'ai d'abord préſenté que comme un fonds propre à ſupprimer le dixieme en le remplaçant, comme une reſſource en temps de guerre : mais on s'appercevra aiſément que la taxe des vices peut tenir lieu de tout impôt, paix ou guerre. En effet, ſix vices ſeulement nous donnant plus de cent millions, combien nous donneront vingt ? Combien nous donneront trente, qu'on pourroit encore taxer, & taxer avec moins de modération ? Que ſera-ce encore, ſi on veut impoſer nos ridicules ? Je n'offre qu'une eſquiſſe, d'autres feront le tableau. Un nouvel avantage, c'eſt qu'en taxant les vices, au lieu de taxer les biens, il n'y aura perſonne de taxé, que ceux qui voudront bien l'être. Ce qu'on paye volontairement, on ne croit pas le payer. Enfin un

dernier avantage, c'eſt que, généralement parlant, le peuple ne paiera
qu'*un* ou *zéro*, tandis que les riches
paieront *mille*.

Il ne ſe préſente qu'une objection
raiſonnable ; la voici : ſi la taxe ſur
les vices venoit à corriger la Nation,
à répandre la vertu dans tous ſes
membres, que deviendroient les fonds
publics ? Je réponds que cela n'arrivera jamais, parce que j'aurois plus
fait que Moïſe, le Meſſie, l'Évangile & les Apôtres.

Je finis en proteſtant à toute la
France que je ne demande pas un ſol
pour la mettre à ſon aiſe, pas ſeulement l'exemption de la taxe. Trop
heureux ſi j'ai ſervi ma patrie. Je re-
nonce même à la gloire flatteuſe de
l'invention. C'eſt le Docteur Swift
qui enfanta ce grand projet, qui le
propoſa aux Anglois ; mais, ou ils
manquerent de lumieres, ou d'amour
pour le bien public. Le François a les
deux en abondance.

Je demande à préſent ſi une ſource
d'argent toujours coulante, n'eſt pas
la vraie Pierre Philoſophale ?

L'ANNÉE

MERVEILLEUSE.

ON a beau dire, l'Aftrologie eft une vraie fcience. L'Univers en fera convaincu par la merveille des merveilles. Les hommes feront changés en femmes, & les femmes en hommes. Ce fera le premier Août de l'année courante qu'arrivera cette étonnante métamorphofe, jour de la conjonction de cinq planettes, qui fe cherchent dès la naiffance du monde, fans avoir pu encore fe rencontrer.

Les Anciens ont prévu ce grand événement, ils ont été fifflés ; les rieurs vont être pour eux. L'Égypte l'avoit gravé fur un obélifque en caracteres hiéroglyphiques : *Un Forgeron donnoit fon marteau à une femme, & la femme lui tendoit fa quenouille.* Thalès de Millet, qui avoit connoiffance de cette hiéroglyphe, après y avoir appliqué les calculs aftronomiques, s'écrie : *Les hommes fileront donc , & les femmes forgeront.* Anaximandre perfuadé par fon orgueil , qu'un homme étoit plus qu'une femme , exprime cette transformation en termes algébriques : *Alors* , dit-il , *la quantité négative fera changée en quantité pofitive , le moins en plus , & le plus en moins.* Le divin Platon ne fe contente pas d'annoncer ce prodige , il en décrit encore les préludes : *La nature* , ce font fes paroles , *commencera fon ouvrage par la partie la plus difficile ; avant de changer les corps , elle changera les idées & les inclinations.*

Ouvrons les yeux , fuivons la nature , & nous appercevrons les progrès qu'elle a déja faits. Ne voyons-nous pas que le goût de la parure fe perfectionne dans les hommes ? Autrefois les Dames étoient feules à leur toilette ; aujourd'hui le Magiftrat quitte *Bartole* , le Guerrier *Polybe* , l'Abbé les *Docteurs de la Loi,* pour y voler. Refpectons la nature : c'eft un avant-goût de leur prochaine transformation qui les mene ; ils vont à l'école, & ils professent déja avec distinction dans les cercles : paroli aux rubans, aux pompons, aux aigrettes, à toutes les modes. Ils vont plus loin, ils exercent cet art avec une patience qui m'impatienta beaucoup l'autre jour. J'avois à parler à un Juge de vingt-cinq ans, je voulois du particulier ; on l'habilloit, il me convint d'essuyer tout le spectacle, qui consomma plus de temps qu'il n'en falloit pour rapporter mon affaire ; je crus qu'il étoit assigné chez une Duchesse pour faire assaut de frisure & d'odeurs. Un Parfumeur m'assure qu'il débite de l'eau de miel, de l'ambre, de la poudre à la maréchale, autant pour homme que pour femme. Les hommes se flattent-ils d'être hommes encore long-temps ?

Ne voyons-nous pas que la minutie les amuse, que la minauderie leur devient naturelle, que la tracasserie les gagne, que le caprice s'empare de leur être ? Nous poussons jusqu'aux vapeurs ; je tirai derniére-

ment mon flacon pour un Seigneur
à qui. son Intendant rendoit des
comptes ; & si toutes ces altérations
ne se montrent pas encore si sensible-
ment dans les hommes du peuple,
c'est que ces masses grossieres ne sont
pas si dociles au ciseau de la nature.
Le temps amenera tout.

Que désormais notre surprise cesse
donc, en voyant des individus mâles
en boucles d'oreilles faire de la tapis-
serie, donner audience dans leur lit
à midi, interrompre un discours sérieux pour converser avec un chien,
parler à leur propre figure dans une
glace, caresser leur dentelle, être
furieux pour un magot brisé, tomber
en syncope sur un perroquet malade,
dérober enfin à l'autre sexe toutes ses
graces. Une puissance supérieure l'a
voulu ; les goûts sont changés, &
comment ne le seroient-ils pas, puisque les idées le sont, puisque les fa-
cultés de l'ame sont attaquées ?

On ne peut plus le dissimuler, le
bon sens dans les hommes tourne en
saillies, la mémoire en magasin de

menus propos, l'imagination en feu d'artifice. Ils parlent, ils écrivent si légérement, qu'ils semblent n'avoir rien écrit, ni rien dit; ou s'ils disent, ils disent trop. Ce qui n'est qu'un peu difforme, est *à faire horreur*; ce qui est médiocrement bon, est *délicieux*; ce qui n'est qu'ébauché, est *du dernier parfait*; en bien ou en mal, ils escaladent tous les superlatifs; ils sont *enchantés, comblés, furieux*, sur des choses qui n'auroient pas causé la moindre émotion dans leurs aïeux, mais seulement dans leurs aïeules.

Critiques impitoyables, en qui la nature n'a peut-être pas encore tant avancé son ouvrage, ne croyez pas vous soustraire à son pouvoir; il est juste qu'elle commence par les importants de l'espece: supportons nos freres, bientôt nous leur ressemblerons, nous serons femmes, & par contre-coup les femmes se changeront en hommes. Nous en voyons aussi des symptomes trop évidents pour nous refuser à cette créance.

Trois choses sur-tout avoient paru

diſtinguer notre ſexe du leur : *Parler peu , penſer beaucoup & dominer.* Ces attributs ont paſſé aux femmes. Elles parlent moins. Derniérement dans un cercle j'en comptai ſix qui ne deſſer-rerent les levres que pour rire , tandis que deux élégants Marquis pirouet-tant de l'une à l'autre , compoſoient un dictionnaire. On remarquoit pour-tant à leurs diſcours qu'ils n'avoient pas l'âge de raiſon ; que feront-ils quand leurs organes auront plus de conſiſtance ? L'Égliſe , on ne le croiroit pas , eſt un lieu qui met la langue en mouvement , puiſqu'on y voit communément les Cavaliers avoir cent choſes à ſe dire. Les Dames s'y taiſent ; mais ce ſont les maris prin-cipalement qu'il faut conſulter en cette matiere. Ils conviennent aſſez géné-ralement que , hors les occaſions de demander & de quereller , leurs moi-tiés n'ont rien à leur dire ; & dans les compagnies on s'apperçoit qu'elles gardent le ſilence , à moins qu'il ne faille corriger les défauts du prochain.

Si elles parlent moins , elles pensent davantage. Les hommes étoient en possession de juger les livres ; aujourd'hui c'est au tribunal des femmes qu'ils prennent de la valeur, ou tout au moins la jurisdiction est partagée ; ce ne seroit rien : elles sont Auteurs ; la poésie légere n'est plus qu'un jeu de leur premiere jeunesse ; elles ont embouché la trompette de *Milton* ; elles laissent aux hommes la fabrique des Romans, pour donner des modeles de Lettres & des Anecdotes sur l'Histoire ; elles ont même forcé le Sanctuaire des Sciences ; est-on encore étonné de les voir, la sphere dans une main & le compas dans l'autre, mesurer ou arranger le monde, de les voir anatomiser l'ame, ou fouiller dans le sein de la matiere pour y trouver des *Monades*, & accréditer *Leibnitz* ? Si elles nous parlent Grace, Prédestination ; si elles commentent *S. Augustin*, un Moliniste de mauvaise humeur nous dit que c'est *l'esprit infernal* qui les guide : qu'est-il besoin de recourir à un inconnu ? Il parleroit juste en disant

que c'eſt l'eſprit de l'homme qui s'empare de la femme. D'ailleurs leur jugement devient ſi ſolide, que la plupart des emplois & des dignités ſe
diſtribuent à leur gré : excellente qualité pour les mener à la domination.

Elles dominent en effet : il eſt de
notoriété que nos jeunes gens ne ſont
que des pendules où les femmes marquent les heures, celles du jeu, du
ſpectacle, de la promenade, des
grands & des petits ſoupés : l'âge
mûr ne ſe ſouſtrait pas à cet empire, ni l'importance des emplois.
Une fille de ſeize ans dit à un homme
de quarante : Au lieu d'examiner
dans votre cabinet, ſi ce malheureux
conſervera ſa fortune ou la perdra,
regardez-moi tous les jours pendant
pluſieurs heures ; il la regarde : ai-
mez-moi plus que votre femme ; il y
conſent : ruinez-vous pour moi ; il ſe
ruine. Les Autels & le Notaire avoient
ſemblé aſſurer aux maris la domination ; la nature franchit la barriere,
& donne aux femmes le premier rôle.
On va voir *Madame*, faire la partie

de *Madame*, dîner avec *Madame*; *Madame* eſt ſervie, le mari peut s'ab-ſenter : c'eſt un perſonnage qu'on double aiſément.

Cet empire domeſtique les conduit par degrés au gouvernement des États. La nature a bien ſu ce qu'elle faiſoit en inſpirant aux Légiſlateurs, en vue de la grande métamorphoſe, de faire tomber les couronnes en que-nouille. Le ſexe occupe déja deux trônes en Europe par les loix ; ſi les conjonctures s'étoient trouvées, il en occuperoit ſix ; & une ſage Répu-blique vient tout récemment de lui déférer le Stathouderat : auſſi les Dames ignorent-elles aujourd'hui les détails de ménage : ont-elles tort ſi la nature les éleve au deſſus d'elles-mêmes ?

On peut ajouter un quatrieme diſ-tinctif qui a paſſé également aux femmes. L'homme n'a jamais voulu être gêné dans ſes amours ; ou les loix lui ont permis pluſieurs femmes, ou il ſe les permet lui-même. Les femmes au contraire, attachées à un

feul mari, s'y tenoient affez fidéle-
ment ; mais en approchant de leur
transformation, elles ont élargi leur
cœur & étendu leur liberté.

Voilà donc les idées & les inclinations changées dans les deux fexes :
le plus fort eft fait, il a fallu du
temps ; mais le changement des corps
fera l'affaire d'un moment : je me
trompe peut-être ; car des connoif-
feurs prétendent que la nature a déja
frappé les premiers coups. Il eft évident, difent-ils, que la conftitution
de l'homme s'affoiblit ; fes pieds n'ont
plus de force, il paffe fa vie fur un
lit, dans un fauteuil ou dans un carroffe ; encore eft-il fouvent excédé.
S'il en eft nombre qui marchent encore, on fent bien que c'eft un parti
violent arraché par l'infortune ; les
riches ne marchent plus : auffi a-t-on
abandonné la paume, le mail, &
tous les jeux qui demandent des pieds
& des bras. On ne peut plus fuppor-
ter le vin ; la mefure de nos peres eft
retranchée de moitié : il faudra taxer
l'eau. On devient également inca-

pable des nourritures solides ; heureusement les cuisiniers ont imaginé des sublimés de viande , & des crêmes , encore deux repas surchargentils. Rien de si commun que d'entendre dire à des vieillards de vingt ans qu'ils sont usés , & ils n'ont rien fait : ils sont réduits à payer des mains pour les habiller. Avec tant de foiblesse, comment partir pour la guerre ? Le remede est trouvé , on court la poste entre deux draps.

Il y a long-temps que cette foiblesse travaille à dépeupler la terre. Qu'on lise l'Histoire , on ne trouve pas la cinquantieme partie des habitants qui y étoient du temps de *César* ; & si la fécondité se perd , ce qu'on remarque sur-tout dans les premieres familles , où à peine compte-t-on un héritier , n'est-ce pas parce que la nature, dans la crise où elle se trouve aujourd'hui , devient équivoque ? Il suffit pour ses vues qu'il y ait encore des moitiés & des quarts d'hommes. Enfin , soit qu'on examine en nous le genre nerveux , qu'on nous mesure

ou

ou qu'on nous pese, on trouve bien du déchet d'âge en âge; & si les anciens Gaulois revivoient, ils demanderoient, à l'étiquette de nos visages, *pourquoi nous portons barbe?* Il leur seroit aisé de nous faire ce mauvais compliment : ils étoient éloignés de plus de dix siecles de la grande métamorphose, & nous y touchons.

Mais à mesure qu'un sexe s'affoiblit, l'autre prend des forces. Qu'on le nomme encore *le beau sexe*, Adonis de la Nation, ce n'est pas la peine de lui disputer ce titre pour le peu de temps qui lui reste à en jouir : mais qu'on ne le nomme plus *le sexe foible.* La Champagne convient que son commerce est plus soutenu aujourd'hui par les femmes que par les hommes : ce vin pétillant ne mousse que pour elles. Les liqueurs qui ont plus de force, trouvent leur estomac encore plus fort. Menez-les d'un festin à un bal, elles passent la nuit dans un mouvement perpétuel : un robuste artisan en seroit anéanti. Elles sentent si bien la force qui croît en elles, qu'elles ont quitté la défensive : elles attaquent. Il est vrai que ce courage mâle n'a encore gagné que le haut & le bas étage ; mais lorsque le feu est au premier & au cinquieme, le milieu de l'édifice n'est pas loin de l'embrasement. Et je ne sais si, en en ôtant l'enduit de couleurs qu'elles s'appliquent, nous n'appercevrions pas des signes de force sur leur visage, leur peau s'épaissir, leurs traits grossir, & la barbe germer. N'est-ce point l'envie de cette découverte qui engage tous ces gens à lunettes à les observer si curieusement dans les spectacles ? Les nuances se frapperont, laissons faire la nature. Si les ames sont changées, les corps ne résisteront pas à son action victorieuse : je le répete, le premier Août les femmes demanderont des chapeaux, & les hommes des cornettes.

Gardons-nous de rire, lorsque nous verrons une Bourgeoise plaider au Châtelet, & son mari monter une garniture ; une femme de l'ancienne robe prononcer des Arrêts, & un Préſident faire des nœuds ; une Comteſſe donner un Mandement, & un Prélat en couche ; une Ducheſſe au Conclave, & un Cardinal demander le tabouret.

Apprenez, rieurs imprudents, que la nature ne fait rien de ridicule ; & voici de quoi vous donner du férieux mêlé d'une joie reſpectueuſe ; apprenez qu'elle ſe ſert de cette transformation pour rendre la liberté & la tranquillité à l'eſpece humaine. Aux grands maux les grands remedes : il y a ſur la terre environ quatre millions de Héros, dont les uns mangent cinq ſols par jour, les autres cinq louis, pour mettre tout en confuſion : le fer à la main, & roulant du canon devant eux, ils ſe rendent maîtres de notre liberté, de nos fortunes & de nos vies. Enfants de violence, votre regne eſt paſſé ; vous demanderez bientôt des quenouilles, & les femmes, quoique revêtues de votre ſexe, ne ceindront pas vos épées ; car il faut remarquer avec tous les Philosophes, que la nature, malgré l'étendue de son pouvoir, ne peut pas changer les essences. Or il est évident que l'essence de la femme est la douceur ; ses autres qualités peuvent bien s'altérer dans le creuset de la nature ; mais l'antipathie pour l'arme à feu, pour l'arme blanche, pour tout ce qui peut tuer ou blesser, la douceur en un mot en sortira sans altération. C'est un caractéristique, c'est un immuable ; le sexe, malgré sa transmutation, se souviendra toujours avec complaisance, qu'il fut fait pour multiplier, & non pour détruire.

De-là on peut annoncer la paix générale & perpétuelle, d'autant plus que si, par une singularité contre nature, il se trouvoit sur le trône un de ces nouveaux hommes qui fût enclin à la guerre, que pourroit-il avec une armée de moutons ? Un Souverain qui est aimé, le doit à lui-même ; mais il n'est à craindre que par la force de ses sujets. Qu'on ne m'objecte pas les Amazones : l'Histoire ne convient pas du fait ; &, au pis aller, c'est un phénomene qui n'a plus reparu, tant il étoit contre le fyftême général.

Cette guerre qui défole l'Europe, touche donc à fa fin. Que d'équipages perdus, que de mouvements inutiles pour la campagne prochaine! Peut-être le cas d'une bataille tombant juftement au premier Août, on verra deux armées, qui la veille étoient fi formidables, jeter leurs armes pour courir plus légérement aux *Toiles de Hollande, aux Perfes & aux Mouffelines.* Ruffiens, qui marchez depuis trois ans, c'eft bien la peine d'arriver précifément pour acheter des jupes.

Ce n'eft pas tout. La grande tranf-formation n'influera pas feulement fur la paix des Nations, mais encore fur le repos des familles. Les nouveaux hommes auront pour leurs femmes l'indulgence qu'ils demandoient dans leur premier état ; ils leur pafferont la paffion des dentelles, la fureur des diamants, la coquetterie, l'ennui qu'infpire un mari, les fantaifies, les maladies de commande, & tant de bagatelles qui troublent la paix des ménages; ils n'affecteront point la supériorité qui les blessoit tant: tout sera dans l'ordre. Que diroit ce Docteur Allemand, s'il vivoit, qui osa imprimer un livre avec ce titre: *De l'Excellence de la Femme sur les autres animaux* ? Le sot! Il seroit le Loup de la Fable. Que diroit Mahomet? Excluroit-il encore les Femmes du Paradis ? Le Prophete s'occuperoit sans doute à refondre l'Alcoran.

Mais j'entends les Incrédules du siecle s'écrier, malgré l'Astrologie & la parole de la nature: Comment s'attendre à ce prodige ? Comment le croire ? Il n'en feroit pas un s'il étoit cru aisément. Combien d'événemens que la seule expérience peut persuader? S'attendoit-on qu'une Ville immense, en pleine guerre & en pleins impôts, s'amuseroit six mois d'un *petit homme de cartes* ? S'attendoit-on à la découverte de la *Pierre Philosophale* ? S'attendoit-on à une *Stathoudereffe* ? S'attendoit-on enfin qu'un Jésuite erreroit, & pour comble qu'il se

rétracteroit avec l'humilité de son état ?
Tous les siecles sentiront le bienfait
ineffable de l'Année Merveilleuse.

LA MAGIE
DÉMONTRÉE.

QUE fais-tu, Ben-Josué ? N'ou-
blies-tu point un Rabbin qui t'a
élevé, & un Ami qui te porte dans
son cœur ? Que tu es heureux de vivre
dans cette Isle inconnue, où nos Pères
chercherent un asyle contre la persé-
cution des *Nazaréens !* Ne crains pas
que j'en révele ni le nom, ni la situation. Je me souviens du terrible serment qui nous lie. Le Ciel permettra
sans doute que les profanes en igno-
rent à jamais le chemin : c'est l'unique
moyen de conserver nos loix & notre
bonheur. Plus je voyage, plus je bénis notre sort. Je t'ai écrit d'Espagne,
où j'aurois mieux aimé passer pour
assassin, que d'être reconnu pour Juif.

C 4

Me voilà dans la Capitale de l'Empire François. Croirois-tu qu'elle est peuplée de *Magiciens?* J'étois persuadé que ceux qui combattirent contre Moïse, n'avoient point laissé de successeurs. Ceux-ci ne se mêlent pas des affaires du Ciel; ils emploient les diables pour leur fortune & pour leurs plaisirs.

Conçois-tu, par exemple, qu'un homme en douze lunes puisse manger cinq cents bœufs & huit mille moutons? Que n'étois-tu derniérement avec ton ami dans une promenade publique! tu t'en serois convaincu.

Un Citoyen richement vêtu, l'épée au côté, un diamant au doigt, jouant avec une boîte d'or, d'où il respiroit une poudre inconnue dans notre Isle, vint prendre place auprès de moi. Vous êtes sans doute, lui dis-je, un Grand de la Nation? *Et vous, vous êtes bien étranger*, me répondit-il: *je me contente de servir un Grand, je suis son Maître d'Hôtel, c'est à-dire, chargé de pourvoir à sa table.* Vous n'avez donc guere à faire, repris-je, car il faut peu de chofe pour vivre. *Peu de chofe, s'écria-t-il ! Savez-vous qu'en rendant mes comptes de l'année derniere, il fe trouva que Monfeigneur avoit mangé cent mille écus.* Prends la plume, Ben-Jofué, (tu connois par le change les monnoies de l'Europe) fouftrais cent mille livres pour le pain, le vin, les liqueurs & le fruit, tu trouveras que ce Grand a dévoré en fi peu de temps ce nombre prodigieux de bœufs & de moutons ; ou s'il a vécu de volaille & de gibier, on eft effrayé du calcul Oh! certainement cela n'eft pas naturel. Si un enfant de *Noé* avoit eu cet appétit dans l'*Arche*, penfes-tu que la terre auroit pu fe repeupler d'animaux ? Avant de quitter mon homme, je lui fis encore deux queftions : vraifemblablement votre Maître eft unique dans fon efpece ? *Point du tout*, me dit-il ; *il n'eft pas le vingtieme en cette Ville ; & s'il fe contentoit de cent mille livres pour fa table, il ne feroit pas le centieme.* Mais leurs revenus peuvent-ils suffire à cette faim surnaturelle? *Qu'importe? ceux des autres y suppléent.*

J'ai appris depuis que les Créanciers ne peuvent rompre un enchantement qui les pousse à prêter toujours, & qui les arrête dans les antichambres quand ils vont pour recevoir. Te dire en quoi consiste ce sortilege, cela me passe; à moins que ce ne soit dans certains rubans bleus ou rouges, ou dans l'image du soleil que les Grands portent sur leurs habits.

Il est ici une autre espece d'hommes qui font les singes des Grands, & ils poussent si loin l'imitation, que souvent ils les surpassent. Ils étoient nés avec un petit estomac, qui s'élargit prodigieusement à mesure qu'ils manient les deniers publics. Il faut qu'ils soient plus Magiciens que les vrais Grands; car en mangeant autant qu'eux, loin de devoir, ils ont toujours de quoi prêter. J'ai ouï parler d'une piece volante qui revient toujours à son Maître: je les soupçonne de l'avoir. Ils n'égalent pourtant pas les Grands en tout, pas même la Nobleſſe.

Ne va pas t'imaginer qu'on entende ici par Nobleſſe ce qu'on entend dans notre Iſle, *la vertu & les talents*. Je ne ſais ſi tu me comprendras : c'eſt un mérite qui coule avec le ſang, quelque gâté qu'il ſoit. Parmi cette Nobleſſe il y a des *Comtes*, des *Marquis* & des *Ducs*. Tremble, Ben-Joſué, ces noms ſont magiques. A-t-on beſoin d'un Héros, d'un Pontife ou d'un Ambaſſadeur, on les prend dans les familles qui portent ces noms-là, & auſſi-tôt les voilà revêtus de toutes les qualités néceſſaires à leurs emplois, ſans doute ; car cette Nation eſt trop éclairée pour ſe laiſſer commander & enſeigner par des gens ſans capacité, ou pour leur confier ſes plus grands intérêts. Que dis-tu de cette capacité qui vient de la combinaiſon des lettres ? Verrois-tu ſans étonnement un Guerrier de quinze ans mener au combat des Capitaines de ſoixante, qui ſeroient des *Gédéons*, fi avec beaucoup de bleſſures, d'application & d'expérience, ils portoient un autre nom ? Eſt-ce là du naturel ?

Dans l'ordre des Juges, l'enchantement eſt auſſi fort. Un fils hérite des lumieres ainſi que de la charge de ſon pere. Cet adoleſcent a végété vingt ans : le jeu, les ſpectacles, des habits, des chiens, une maîtreſſe, ont rempli toutes ſes heures. Le pere meurt ou ſe démet : le bambin eſt Juge. Il connoît à l'inſtant tous les principes du Droit écrit, toutes les Loix, les Coutumes & la Juriſprudence. Si cela n'étoit pas, comment décideroit-il de la fortune, de l'honneur & de la vie de ſes Concitoyens ? Que penſes-tu de cet héritage de ſcience ? Le trouves-tu dans la nature ?

Je ſens néanmoins une contradiction auſſi ſurprenante que l'enchantement même. La Magie forme un Juge dans un moment ; mais elle ne peut pas faire un Avocat, du moins ne l'a-t-on pas vu juſqu'à préſent.

Cet homme fait pour parler, tandis que le Juge écoute, n'y réuſſit, comme dans notre Iſle, qu'à force d'étude, de méditation & d'exercice. Ce n'eſt pas même la ſeule eſpece exceptée. Il eſt des Sociétés de Gens de Lettres ſous le nom de College, d'Univerſité ou d'Académie, ſur leſquelles l'enchantement n'a pas plus de priſe. Je ne vois pourtant pas pourquoi dans ces quatre eſpeces on n'hériteroit pas de la place & de la ſcience, puiſque cela arrive dans la Magiſtrature. On peut tout eſpérer du temps. Il viendra peut-être un Magicien ſupérieur à tous ceux qui vivent, qui opérera ce prodige.

Je t'ai parlé des Grands : la Magie les ſert bien. Comme ils ne peuvent être grands qu'aux dépens du peuple, elle perſuade au peuple que l'eſprit, le cœur, l'air, le langage, les connoiſſances, en un mot, que tout dans les Grands eſt auſſi grand que le nom. Elle va plus loin ; elle lui ôte le ſentiment de ſes plus chers intérêts ; elle lui démontre que les poiſſons, les oiseaux, les animaux des forêts, n'appartiennent pas à ceux qui les prennent, qu'il doit labourer, semer, recueillir, & n'avoir rien dans ses gréniers. Aussi dans un État qui se glorifie d'être le plus riche de l'Europe, & dans la Ville la plus riche de l'État, je trouve à chaque pas des Citoyens qui me demandent du pain, & qui poursuivent leurs freres jusques dans les Temples.

Je ne sais si c'est pour se venger, que le peuple exerce à son tour la Magie sur l'esprit des Grands. Parmi ce peuple il en est qui sont occupés à les servir dans leurs maisons : chargés d'emplettes, ils disent à leurs Maîtres que trente font soixante, & les Maîtres le croient. D'autres leur fournissent des marchandises qui se doublent ou s'alongent au moment qu'on les livre ; mais qui se simplifient ou se raccourcissent au moment qu'on les emploie : par ce moyen elles se trouvent payées deux fois. Il leur en arrive autant pour les fruits qu'on leur apporte de la campagne : que dis-je ? un légume qui vaut huit sols la mesure lorsqu'il est bon , le rustique Magicien dit à Monseigneur qu'il vaut cent livres dans un temps où il est mauvais , & on en donne le prix. Au reste , j'ignore quelle récompense donnent les Grands à l'Esclave qui garde leur porte : elle doit être considérable ; car il a le secret de les rendre invisibles. Dans notre Isle , qu'un Citoyen vienne nous voir par amitié , par honneur ou par besoin , il nous trouve toujours dans nos maisons quand nous y sommes : ici , ce garde-porte fait que l'on n'est pas où l'on est.

Tu vois que le peuple à son tour ne réussit pas mal en Magie ; mais ce qui t'étonnera peut-être encore plus , c'est qu'on voit sortir de son sein de jeunes danseuses & chanteuses qui persuadent aux Grands & aux riches que l'or & les diamants sont l'unique preuve de l'amour ; que plus elles partagent leurs faveurs , (fût-ce aux esclaves même de leurs amants) plus elles sont précieuses ; qu'elles

font en droit d'être aimées fans aimer, & qu'il faut recevoir d'une
ame égale ce qu'elles donnent, poi-
fon ou plaifir. De quel philtre fe fer-
vent-elles pour former de pareils atta-
chements ?

Ne te laffe point de me fuivre, tu
verras de la Magie par-tout. Tu t'es
récrié fur l'incroyable voracité des
Grands ; croiras-tu à préfent qu'on
puiffe vivre fans manger ? C'eft ce
qui arrive ici à des fociétés nom-
breufes, qui, pour plaire à Dieu,
font vœu d'être inutiles aux hommes.
Ces troupeaux d'élus font fans fonds,
fans induftrie ; l'état ne leur affigne
aucune fubfiftance ; ils vivent pourtant, & font auffi gras que ceux qui
mangent. Si la manne pouvoit tomber pour une Nation profane, je croi-
rois qu'elle tombe dans leurs retraites.

Cette Nation nous a copié en bien
des chofes. Elle a des Lévites, des
Rabbins & des Grands-Prêtres. Il y a
dans cette Capitale un Rabbin, qui
bâtit un Temple, en faifant courir
tous les mois des morceaux de papier

qui ont la figure d'un quarré long : ce font, n'en doute pas, des *Talifmans*. Pour les Grands-Prêtres portant Thiare, on en compte autant que de Synagogues particulieres. Chacun aime la fienne, comme un tendre époux aime une époufe accomplie : ils ont bien raifon, car ils trouvent l'honneur, le repos & l'abondance dans leur mariage. Cependant, admire la force d'un charme qui les pourfuit ! toujours pouffés vers leurs époufes par le feu dont ils font confumés, & tous les chemins étant ouverts, ils font repouffés fans ceffe dans la Capitale par une Puiffance invifible. Quel tourment ! on dit qu'un Magicien peut ôter le fort qu'un autre a jeté. Que les Grands-Prêtres n'en cherchent-ils un qui leur rende ce fervice dans une Ville où il y en a tant !

J'ignore fi les Provinces ont leurs Magiciens ; mais dans chacune on a coutume d'en envoyer un, que le vulgaire met au deffus des Grands, parce qu'il en craint beaucoup de mal : il l'appelle *Monseigneur*. Ce personnage redoutable s'empare des vents & des nuées ; il tient dans ses mains la stérilité & l'abondance ; il est sujet à l'humeur : le peuple prie sans cesse qu'il n'en ait pas.

C'est un terrible fléau lorsque les Magiciens ont l'humeur malfaisante : écoute, & bénis le Ciel de ce qu'il n'en est pas parmi nous. Dans notre Isle un mari trouve souvent dans son épouse plus d'agrément qu'elle n'en a : cela est tout simple, il l'aime. Ici, une femme perd tous les siens aux yeux de son mari deux mois après le mariage. En vain toute la Ville, avec tous les miroirs, dit-elle à *Monsieur* que *Madame* est toujours charmante : une Fée lui a apparu, l'a touché, & l'a convaincu que cela est faux. La femme piquée, s'adresse au premier enchanteur qui se présente, & compose avec lui un signe ineffaçable, qui se place sur la tête du mari ; & ce signe, sans être apperçu, (comprends-moi si tu peux) signifie à tout le monde qu'elle est vengée.

Parmi nous un pere & une mere chériffent leurs enfants ; ils leur partagent également leurs terres & leurs troupeaux. S'ils mettent quelquefois de l'inégalité, c'eft en faveur de ceux qui ont moins de fanté ou moins de talents. Ici, pour donner tout à un feul, on enferme les autres dans des prifons perpétuelles, où ils jeûnent & fe fouettent périodiquement ; & pour furcroît, au milieu de tant de peines, on les oblige à chanter. Mais que ne peut la Magie fur les peres & les meres ? Cet enfant adoré, auquel ils ont immolé tous les autres, ils l'envoient à la guerre pour fe faire tuer. Tu ne connois la guerre que par fpéculation : puiffe-t-elle ne jamais fe montrer dans notre patrie !

A propos de guerre, cette Nation affiegeoit l'an paffé une Ville extrêmement forte : c'étoit le boulevard d'une République voifine, où la victoire s'étoit arrêtée plus d'une fois. Tout annonçoit fa fureté, ouvrages, foldats, artillerie. Deux armées, l'une de terre, l'autre de mer, la rafraî-

chiffoient à volonté. Les habitants,
ordinairement plus fenfibles aux befoins de la vie qu'à une belle défenfe
qui les ruine , ne daignerent fauver
ni leur bled , ni leur bourfe , ayant
plus d'une porte libre & hors d'in-
fulte. Le Gouverneur, que la renom-
mée célébroit , rioit fur fes remparts.
Malheureufement trop Philofophe,
il ne croyoit pas à la Magie. Qu'ar-
rive-t-il ? Un beau matin les Affié-
geants , on ne fait comment, fe
trouvent dans la Place. Toutes les
défenfes étoient charmées , les mines,
les canons , les épées & les foldats,
qui furent bien heureux de ce que le
charme ne defcendit pas jufqu'à leurs
pieds. Pour le Gouverneur , il auroit
été pris , fi le charme , un peu plus
fort , eût feulement prolongé de fix
minutes fon fommeil plus que léthar-
gique. Laiffons la guerre , elle dé-
truit les hommes ; parlons de ce qui
les conferve.

Dans notre Ifle la nature fournit
aux meres deux fources de lait pour
nourrir leurs enfants : elles s'en font

un plaisir comme un devoir. Ici , le
lait tarit dans les meres trois jours
après l'enfantement. Heureusement
le maléfice n'a pas encore attaqué les
femmes qui habitent la campagne. Si
cela arrive, c'en est fait de ce peuple.

Il faut assurément que les femmes
de cette Nation aient déplu à quelque
grand Magicien. Dans la santé la
plus fleurie , au milieu de la conversation la plus enjouée , qu'il sur-
vienne un tiers qu'on n'attendoit pas,
voilà une femme qui n'a plus que des
pensées confuses , qui perd la parole ,
qui est suffoquée. On n'appelle pas
les Médecins , qui ne sachant comment traiter cette maladie mortelle ,
dont on ne meurt pas , se contentent
de la nommer *Vapeurs*. C'est , n'en
doute pas , un sort jeté sur le sexe.
J'étois l'autre jour dans une maison
où une femme demandoit à son mari
quelques toises d'un linge percé de
mille trous : le Marchand qui avoit
étalé , en auroit livré cent. Le mari
refusa. Aussi-tôt cette infortunée porta
la main à son front : *quelle douleur in-*

fupportable! dit-elle : il fallut la mettre au lit. Je maudis mille fois en moi-même la dureté du mari. Peut-être ce linge qu'elle vouloit placer fur fa tête & autour de fes bras, auroit conjuré le fort. On m'affure qu'autrefois, comme dans notre Ifle, les femmes avoient de la taille ; aujourd'hui elles ont quatorze pieds de circonférence fous deux de bufte. Tu connois les proportions, Ben-Jofué ; admirerois-tu tant la belle Judith, fi elle avoit eu plus de tour que d'élévation ? Mais la nature ici ne fe reconnoît plus. La Magie a tout bouleverfé. Elles ont une poudre dont les effets font furprenants ; les vieilles fe rajeuniffent, & les jeunes fe vieilliffent. Le rouge de la nature, tu le fais, & tu le vois, a des nuances différentes. Ici, c'eft un rouge ardent & uniforme, qui colore tous les vifages. On croit trouver cinquante femmes dans une affemblée, & on n'en voit qu'une.

Il eft de jeunes hommes, & quelquefois des vieux, qu'on oblige à porter des talons où eſt imprimée une couche de cette poudre : je ne ſais quelle influence maligne elle répand ſur eux. Sont-ils en voiture, on juge à la rapidité de leurs chevaux, qu'ils ont toujours envie de ſe précipiter : on les laiſſeroit faire ſi la vie du peuple étoit en ſureté ſur leur paſſage. Je les croyois d'abord chargés de toutes les affaires de la Ville ; car ils ſont partout : on m'aſſure pourtant qu'ils ne font rien. On leur voit des pieds, mais on cherche leur tête. On prétend que leur exiſtence ne paſſe pas leur chauſſure & leurs vêtements. Tu vois que ce ne ſont que des fantômes qui jouent l'humanité.

Je n'imaginois pas t'écrire une Lettre ſi longue ; mais la Magie coule avec mon encre. Parmi nous, qu'un Citoyen ait injurié ou frappé ſon frere, ce qui arrivera rarement, on le prive de la ſociété juſqu'au repentir, qui arrive toujours ; & il rentre dans ſes droits, lorſque l'outragé demande ſa grace. Nous ne nous aviſons pas de penſer que le crime d'un insolent nous deshonore. Reconnois-en toute la force des enchantements qui gouvernent les François. Ils sont persuadés généralement que l'innocent est flétri, tandis que le coupable conserve tout son honneur ; & pour que l'innocent soit lavé, il faut qu'il tue ou qu'il soit tué.

Je ne finirois point si je voulois te détailler tous les prodiges qui frappent mes yeux chaque jour. La Magie assaisonne tout : les spectacles languiroient sans elle. Le premier où je me suis trouvé, montroit un homme qui haïssoit tous les hommes, parce qu'il les croyoit tous faux & méchants. Je fus extrêmement amusé du ridicule qu'il répandoit sur le vice ; j'imagine que les autres s'amusoient aussi ; mais il falloit le deviner. Cette piece fut suivie d'une autre en raccourci. Tout-à-coup les Spectateurs crûrent de moitié ; l'empressement entroit avec eux ; j'en pris ma part sans savoir pourquoi : la scene s'ouvrit. Parut une jeune Princesse, élevée dans un Palais, où elle étoit servie & amusée par des statues :

ftatues : une Magicienne en frappa trois, & auffi-tôt l'une danfa au fon des inftruments dont jouoient les deux autres : on applaudiffoit à tout rompre. Pour moi, je quittai la place où j'étois moulu.

On me parla d'un autre fpectacle tranfplanté d'Italie ; mais durant quinze jours je ne vis que de la Magie fur l'affiche : *Le Combat Magique, Coraline Magicienne, Coraline Efprit Follet, la Silphide, les Métamorphofes.* Toute la Ville y couroit. Enfin on annonça *Arlequin Sauvage* ; je courus à mon tour, dans l'efpérance de voir du naturel : je ne fus pas trompé. Ce Sauvage reffembloit aux habitants de notre Ifle, ne connoiffant que l'égalité, la juftice, l'humanité & la bonne foi ; il étoit bien Sauvage pour ce pays-ci. Que ne puis-je te rendre toutes les bonnes chofes qu'il débita, & le fel qui les affaifonnoit ! Mais à qui les difoit-il ? Au lieu de nous demander de l'argent à la porte, il auroit fallu acheter des Spectateurs. Je crus pour cette fois avoir évité la Magie, lorsque subitement le théatre parut tout en feu ; & à travers l'incendie, je vis, ou je crus voir *le Soleil, la Lune, une Colonnade.* . . Je ne fus plus en ce moment si j'étois dans une maison, ou sur une place publique ; à une comédie, ou à une fête pour une victoire. Je fus assez heureux dans mon étourdissement pour regagner la porte ; & en fuyant, je maudissois la Magie qui me poursuivoit par-tout.

Le lendemain je crus me sauver à l'Opéra : c'est un troisieme spectacle, où les sentiments se chantent & se dansent. On me l'avoit donné pour le plus noble des trois. Je m'attendois à voir sur la scene un Roi bienfaisant, ou un Citoyen assez grand pour rendre la liberté, la vertu & l'abondance à sa Patrie. Point du tout ; je vis descendre un Génie, habitant de l'air, qui, selon les regles de son Empire, maltraitoit tout le bon sens d'ici-bas, & fit cent épreuves magiques pour s'assurer d'une Bergere dont je le croyois sûr avant qu'il fe mît en frais. A peine pus-je lui pardonner la Magie en faveur de la Mufique, qui m'arrêta jufqu'à la fin.

Je fis treve au théatre ; je m'enfonçai dans ma chambre, & j'empruntai des Livres d'un Militaire qui paffoit pour homme d'efprit. *Voulez-vous*, me dit-il, *des Livres courants que tout le monde s'arrache ?* Sans doute, lui répondis-je, je veux des meilleurs & des plus nouveaux, afin de connoître le goût préfent de la Nation. Il m'en livra une douzaine. Quelle fut ma furprife ? L'un enfeignoit l'art de faire des garçons ; l'autre, avec un *bijou*, arrachoit aux femmes le fecret impénétrable. Un troifieme détailloit les malheurs d'un Prince, dont la Maîtreffe étoit en deux : il invoquoit tous les Génies pour réunir la tête au corps. Le quatrieme faifoit l'hiftoire d'un autre Prince également amoureux, livré à deux Magiciennes, dont l'une bienfaifante, étoit traînée par fix colombes ; l'autre malfaifante, par fix chats-huants : je n'eus pas la patience de voir ce qu'elles feroient de leur Éleve. Le cinquieme déploroit la triste situation d'un jeune époux frappé d'un maléfice, dont il ne pouvoit guérir qu'en faisant avaler au Grand-Prêtre un instrument de cuisine, très-disproportionné avec la bouche humaine. Le sixieme présentoit un esprit qui s'incorporoit dans tous les sophas de la Ville ; (ce sont des lits de jour, tu ne connois que ceux de nuit) & là, en accomplissant sa pénitence, il enregistroit tous les affronts qu'on faisoit aux maris. Le septieme ... mais je t'ennuierois, de la Magie par-tout. Je rendis la bibliotheque dès le lendemain. *Ah ! je savois bien que vous les dévoreriez*, me dit mon Militaire. Point du tout, Monsieur, je n'ai fait que parcourir le tout... Mais n'auriez-vous rien sur la Morale, les Arts, le Commerce, la Marine, le Droit public ; sur la nature du Contrat qui a donné un Souverain à la Nation ? *Nos Peres les lisoient*, me dit-il, & il me tourna le dos. Que te dirai-je enfin ? On

craint tant de laiſſer affoiblir le goût
de la Magie dans cet Empire , que
le premier Livre dont on nourrit l'enfance , ne montre que des rivieres
de lait , des montagnes de ſucre, des
palais de diamants , des Villes bâties
en l'air , & cent choſes plus merveil-
leuſes , que des Sorcieres operent
avec une baguette.

Oh ! mon cher Ben-Joſué , que
diras-tu en liſant cette Lettre ? Me
croiras-tu bién en ſureté au milieu
de tant de Magie ? Je frémis à chaque
pas ; auſſi je penſe à mon retour. Me
préſerve le Ciel de quelque enchantement qui m'arrête ! car dans ce pays-ci
on ne fait ce qu'on eſt , pas même ce
qu'on n'eſt pas. Un de leurs Magiciens
vient d'annoncer que dans peu les
hommes feroient changés en femmes,
& les femmes en hommes. Je me flatte
pourtant qu'il y aura une exception
pour nous , qui ſommes le Peuple
choiſi.

*A Paris , le 23. de la Lune de
Caſleu , l'an 88. de notre Tranſmigra-
tion.*

D 3

PLAISIR
POUR LE PEUPLE.

LE Peuple, qui par ses travaux est le soutien de l'État, n'a-t-il pas droit aux délassements ? Aussi Athenes & Rome lui prodiguoient les Spectacles : Constantinople, Ispahan & Pekin lui paient le même tribut : Londres en fait autant : Paris restera-t-il en arriere ? On s'en apperçoit trop ; le seul divertissement que la populace se donnoit à ses frais, tire à sa fin : le carnaval n'a plus de mascarades. N'est-il point à craindre que la tristesse ne gagne les halles ? Et si le peuple n'atteint pas aux honneurs , doit-il être privé des amusements ? On lui annonce l'incomparable Foki , Philosophe Chinois , qui lui consacre ses merveilleux talents. Les Spectacles qu'il donnera , feront sans nombre , sans exemple & sans intérêt.

I.

Il débutera par des combats d'ombres, mais qui auront autant de jeu que des réalités. On verra deux armées en présence, citoyennes du même État; l'une couverte de velours, l'autre de bure : celle-ci toujours courbée vers la terre, pour en tirer du pain ; celle-là se reposant sur des magasins toujours remplis, mais sans rien perdre de son avidité ; car elle disputera à l'autre le peu de pain qui ne sera pas entré dans les dépôts. Alors les lignes s'ébranleront : ardeur égale des deux côtés. Mais comme les bataillons faméliques n'auront pour armes que des hoyaux, des coignées & des faulx, la victoire se décidera pour l'autre parti, qui fera tonner une artillerie complette. Et à l'instant les vainqueurs se jetteront sur ce pain de discorde, le mangeront, & par leurs signes feront encore entendre aux vaincus, que ne les pas manger eux-mêmes, c'est leur faire grace.

I I.

Il placera sur deux lignes opposées vingt-quatre éléphants, dont chacun portera sur sa trompe un *Fakir*, c'est-à-dire, un Moine Indien. Au premier signal ces animaux secoueront, se jetteront & se renverront les Fakirs comme autant de ballons. Après une heure de cet exercice, les ballottés poussés vers un même point, tomberont dans une grande cuve, qu'ils rempliront de leur sueur. Il faut remarquer que, suivant leurs légendes, les Fakirs exhalent tous une odeur suave après leur mort, & Foki les rend, par anticipation, odoriférants pendant leur vie. Ainsi leur sueur sera un nouvel élixir aromatique, qui se débitera *gratis*, & décréditera l'ambre & les parfums.

I I I.

A midi, afin qu'il soit jour pour tout Paris, il exposera aux Tuileries une quantité prodigieuse de charmantes inutilités, plus rares que les singes, les perroquets, les chats d'Angora & les magots de Saxe :

chaque espece étant douée d'une vertu *magnétique*, c'est-à-dire, attirant l'or comme l'aimant attire le fer. Sur le champ la fleur des deux Sexes, arrachée de l'occupation de la toilette, par la force attractive de ces merveilleuses raretés, accourra au magasin, un rouleau de louis dans chaque main. A deux heures tout sera enlevé, & l'or restera pour être distribué au Peuple.

I V.

Un jour de grand vent il se rendra au Pont-Royal, & avec des ailes artificielles il prendra son essor, traînant après lui vingt cerfs-volants, de trente pieds de diametre, tous chargés de parchemins lucratifs, que le grand *Lama*, Pontife de la Tartarie Mogolienne, a scellés de son grand sceau. Du plus grand cerf-volant pendra un rouleau de chiffres, dont l'interprétation occupa long-temps les Théologiens Tartares. La principale proposition qu'on en tira, fut celle-ci : *Sous peine de la colere céleste il faut se coucher sur le côté droit.* Ce point de doctrine alluma le flambeau de la discorde. Si le même malheur arrivoit ici, Foki se flatte de calmer les opposants, en secouant sur eux les parchemins lucratifs, vrais talismans de tranquillité & de silence.

V.

Comme le Peuple est exclus du théatre, par la raison qu'il lui faut du pain, Foki en sa faveur représentera à la Grêve. Il donnera *les Ruses de Cartouche*, Comédie à la mode, où l'on pleurera; & pour petite Piece, il se fera apporter trois mille mots très-tendres sur des morceaux de papier roulés en forme de billets de loterie. Il en tirera deux mille au hasard; & ce sera un Opéra dans le goût de ceux d'aujourd'hui, qui sera chanté en Musique Japonoise. S'il s'apperçoit que le Peuple bâille, il n'exécutera que le premier Acte.

V I.

Il amene avec lui soixante Receveurs des tributs du grand Mogol, qui ont desiré de connoître l'Europe,

& qu'il engagera à se prêter au plaisir public. Ces habiles Empiriques prétendent que l'or est un esprit universel répandu par-tout. Ils en tireront de cent corps où nous n'en soupçonnons pas ; des aliments, du sel, des étoffes les plus communes, & généralement des mains de tout le monde. Ils prétendent encore, & ils le démontreront, que l'or bien appliqué peut changer les hommes, à ne les pas reconnoître ; par exemple, un sot en homme d'esprit, une Bourgeoise en Duchesse. Ce n'est pas tout : pour prouver jusqu'à quel point l'or est ami de l'homme, ils puiseront de ce métail fondu dans un grand creuset, ils en avaleront à discrétion, & béniront le Dieu *Brama* de cette excellente nourriture.

V I I.

Il tirera à la Place de Vendôme un Feu Chinois, c'est-à-dire, un feu figuré. On verra jaillir de la source du feu des bonnets de Docteurs ; mais fort petits, pour les proportionner aux têtes qui les poursuivront ;

quantité de casques sur des girouettes; des bâtons de commandement, qui chercheront des mains; des couronnes qui s'entre-choqueront en pétards, sans perdre ou gagner un fleuron; des encensoirs pour la Cour, où l'artifice brillera supérieurement. Chaque instant amenera du nouveau, des livres à milliers poussés en gerbes, éblouissants en étoiles, pétillants en fusées volantes; mais il faudra être prompt au coup d'œil, car ils seront ensévelis aussi-tôt dans une épaisse nuit, à l'approche de trois ou quatre volumes du dernier regne, qui jetteront un grand feu, & bien plus durable.

V I I I.

Il donnera l'expérience des *Vessies Malabares* : ce sont dix beautés de la Cour du *Samorin* qui les ont gonflées de leur souffle : ces Vessies ont la vertu de donner une maladie précieuse, qui distingue les Sultanes en Orient. Il invitera les Dames de Paris à présenter leur bouche au tuyau, placé à l'orifice ; & par le moyen

d'une clef mobile, on leur inſpirera
de cet air de Cour un quart, un
tiers, une moitié, à volonté. C'eſt
alors qu'on verra des changements
de couleurs, des bâillements, des
attitudes violentes ; des ſuffocations.
On verra des vaporeuſes incertaines
entre le ris & les pleurs, & s'acquit-
ter des deux tout à la fois. On avertit les Bourgeoiſes de reſpirer une
doſe plus forte, afin d'aider le peu
de diſpoſition qu'elles ont aux vapeurs ; on leur apprendra même à les
placer. Il ſera libre aux jeunes Seigneurs, & à tous ceux qui viſent au
titre d'agréables, de participer à la
diſtribution.

I X.

Il établira ſur le Pont-Neuf une
balance, dont le point fixe ſera à la
hauteur de cent pieds, la longueur
des rayons de cinquante, & les baſ-
ſins feront en équilibre à dix toiſes au
deſſus de l'eau. Il placera d'un côté
la bourſe d'un plaideur opulent, de
l'autre le ſac d'un plaideur indigent.
Ce ſecond poids ſera emporté par le

premier avec une rapidité surprenante. A l'inftant même une fleche tirée par Foki, abattra le point fixe de la balance, & les deux poids tombant dans la Seine, flotteront à la furface. Dans une Ville de la Chine, traverfée par un grand fleuve, où Foki fit cette expérience, dix Mandarins des Tribunaux n'héfiterent pas à fe jeter du pont dans le fleuve, pour repêcher la Juftice. En cas que les Mandarins François ne faffent pas de même, il fe charge de la commiffion.

X.

Il fera l'effai de la poudre rétroactive jetée au vent. Quiconque en aura refpiré, (& perfonne ne pourra s'en défendre, tant fon action eft fubtile) oubliera fa fortune préfente, pour ne fe fouvenir que de fon état paffé, & agir en conféquence. On verra dans cette ivreffe de mémoire, un Traitant grimper derriere fon carroffe, malgré les remontrances de fon laquais ; un Monfeigneur en mitre embraffer un ouvrier du fecond ordre. Que ne verra-t-on pas ? Perfonne ne s'oubliera ce jour-là , pas même les Nobles de la veille.

X I.

Il fera voir des Vampires , dont il a vérifié l'Histoire en traversant la Hongrie. Il en exposera deux douzaines , hommes & femmes ; d'abord sans vie , tels qu'ils sont , mais avec des couleurs fraîches , semblables à celles du sommeil. On les gardera à vue ; mais cette garde ne les empêchera pas de sucer invisiblement les vivants ; bien entendu qu'un sexe sucera l'autre , & de ressusciter le quinzieme jour. Les Vampires femelles ressusciteront six heures plutôt : ce sera la langue qui donnera le premier signe de vie ; & l'on connoîtra par les prémices de leurs goûts , quelle espece de vivans elles auront sucée. L'une comptera des sacs d'argent , & riant jusqu'aux oreilles , jettera sur ses compagnes un regard de protection. L'autre , une bourse vuide à la main , demandera des Coureurs , des Pages , des bijoux , des meubles au parfait , & voudra jouer cent mille écus sur sa parole. Une troisieme , en mangeant des épices , renverra d'un ton fenten- cieux les Spectateurs à la huitaine. Celle-ci rimant en Dieu, dira qu'elle ne connoît qu'un genre de mérite: ne pas craindre le feu. Celle-là d'une main montrera le ciel , & de l'autre fouillera dans la poche d'un bon croyant. Pour les Vampires mâles qui reprendront la vie , il fera diffi- cile de difcerner quelle efpece de femmes ils auront fucée , parce qu'ils feront fi changeants dans leurs goûts, dans leurs idées , dans leurs propos, dans la façon de monter leurs vifa- ges , qu'on croira qu'un feul aura fucé toutes les femmes , ou que tous n'en auront fucé qu'une.

X I I.

Pour bannir les foupçons injurieux à la foi conjugale , ou pour les éclair- cir , il expofera fur la Place des Vic- toires une glace de cinquante pieds de diametre , où les maris verront leurs femmes avec une aigrette blan- che , fi elles ont été fidelles : finon, l'aigrette fera jaune , ou plutôt les aigrettes, car elles égaleront le nombre des infidélités. Foki prévient les maris, que pour voir nettement, il faut qu'ils aient été fideles eux-mêmes. Pour le Public désintéressé, il verra tout sans condition. Foki avertit encore, que s'il est des maris qui craignent l'expérience solemnelle, il les satisfera dans le particulier, en leur distribuant des portions de la grande glace, avec deux sifflets ; mais avec cette autre clause, que si jamais ils viennent à publier le secret de leurs moitiés, la glace à l'instant se brisera, & il ne leur restera que les sifflets.

XIII.

Foki, persuadé que la France n'avoit point encore vu d'*Antropophages*, vouloit en présenter dans l'exercice de leur barbarie ; des *Cannibales* distingués dans leur patrie, qui auroient mangé de la chair humaine proportionnément à leur degré d'élévation, le Capitaine plus que le Lieutenant, & le Général beaucoup plus que le Capitaine ; mais depuis qu'il a entendu dire qu'ici comme là, les forts mangent les foibles, les grands mangent les petits, il s'eſt détaché de cette idée pour ne nous donner que du neuf, ſur-tout à des François.

Ce n'eſt là qu'une foible ébauche des talents de Foki. Au reſte, trop ſincere pour déguiſer ſon amour propre, il déclare hautement qu'il ambitionne l'affluence des Spectateurs & leurs applaudiſſements ; mais il veut ne les devoir qu'à ſon mérite. Il n'ira quêter des Prôneurs, ni à ces tribunaux de déſœuvrement qui ſe ſont mis en poſſeſſion de tyranniſer le goût, ni aux toilettes des beautés célebres. En s'occupant pour le Peuple, il travaille pour la portion du Public la plus véridique, & qui dit le plus bruſquement ce qu'elle penſe.

LETTRE

A UN GRAND.

*M*ONSEIGNEUR,

Oubliez-vous que vous êtes **né** Grand ? On vous a bercé de cette importante vérité ; & vous la mettiez à profit vis-à-vis de vos Précepteurs, encore bien plus vis-à-vis du monde, lorsque vous y fîtes votre entrée. Qu'êtes-vous devenu ? Il ne tient pas à vos procédés qu'un Bourgeois ne se croie pêtri du même limon que vous. On dit que les années changent les hommes : ce n'est pas sur l'article de la *Noblesse* ; mais quand cela seroit, est-ce à vingt-cinq ans qu'on oublie la fleur de son existence ? Malgré votre peu de mémoire, vous êtes toujours Grand ; mais apprenez à l'être.

D'abord vous n'estimez pas assez

votre naiſſance. Voyez le cas que les autres en font ; cet empreſſement qu'on a de prévenir votre réveil pour vous faire ſa cour ; ce ſilence juſqu'à ce que vous permettiez d'avoir une langue ; cet encens toujours allumé ; ces Gentilshommes qui briguent pour leurs enfants, l'honneur de vous ſervir à table, & pour eux celui de gouverner vos chevaux ; ces vœux des Académies pour ſe décorer de votre nom ; ce titre même de *Monſeigneur*, qui marque une élévation à perte de vue : s'il vous plaiſoit de prendre femme, (& ne devriez-vous pas à votre âge en avoir déja répudié une ?) je ſais telle qu'on vous offriroit avec une fortune prodigieuſe ; le pere a peſé votre alliance, & ſe croit trop heureux ſi vous daignez, en acceptant ſes tréſors, faire le malheur de ſa fille. Tout reſſent l'impreſſion de votre grandeur : les Loix, ſi vous le vouliez, plieroient ſous elle ; la Religion même fait les ménagements qu'elle vous doit ; votre Paſteur aimeroit mieux vous gagner à Dieu, que de ſauver cent artiſans.

Mais de quel œil voyez-vous tous ces hommages ? On se relâchera, je vous en avertis. La gazette vous néglige déja : vous eutes derniérement un accès de fievre, elle a oublié d'en instruire le Royaume. Si nous voulons que les autres sentent ce qui nous est dû, il faut en être pénétrés nous-mêmes. On ne vous entend jamais dire, *un homme comme moi !* Jamais vous ne nommez vos Ancêtres ; ou si on vous met sur la voie à ne pouvoir échapper, vous rappellez uniquement celui qui étoit *né de lui-même* (*). Je crains que vous ne nous disiez quelque jour que vous eussiez envié sa place : ne sentez-vous pas que vous valez mieux que lui, puisque vous êtes de tant de siecles plus noble ? Il commença votre Noblesse, & vous le citez par préférence ! Voilà une reconnoissance bien mal-adroite : c'est convenir d'avoir commencé. On doit se perdre dans une maison aussi grande

(*) C'est un mot de Tibere sur Curtius Rufus, qui étoit le chef & l'auteur de sa noblesse. *Tacit. Annal. L. 11.*

que la vôtre ; & fi vous pouviez y faire entrer *Pharamond*, il faudroit vous réferver encore des antiquités plus reculées & plus ténébreufes.

Que vous êtes éloigné de cette émulation attachée à votre rang ! Vous fouffrez paifiblement que le premier Baron François ait porté un autre nom que le vôtre. Comment reçutes-vous ce Généalogifte qui vouloit vous trouver un aïeul dans la Cour de *Charlemagne ?* Il vous quitta fort mécontent, en vous laiffant à la troifieme race ; & ce faifeur de Livres, qui, dans une Épître dédicatoire, prodiguoit les fuperlatifs fur la nobleffe de votre fang, & fur votre goût pour les talents ? Vous rayates l'article du *Sang*. N'eft-ce pas rejeter le diamant pour prendre le *ftras ?*

Ce n'eft pas tout d'avoir une belle origine, il faut favoir l'afficher. On a fort bien fait de graver votre nom fur votre hôtel : les dedans n'en difent mot. Il y a trois ans qu'on y voit les mêmes meubles. Vos porcelaines reffemblent à mille autres. Vos vernis font du second ordre. Je connois des Commis qui ne troqueroient pas leurs luſtres pour les vôtres. Vous n'avez que quatre valets de chambre , qui ne ſont pas mieux mis que des Gentilshommes de Province un peu étoffés. Vous devriez du moins leur apprendre qu'il n'eſt pas jour à huit heures : on vous annonce un homme venu à pied ; il entre auſſi-tôt ; vous faites pis , vous lui parlez : il ne s'attendoit qu'à vous voir habiller. Et à table , comment y êtes-vous ? On en eſt au ſecond ſervice , & on ne vous a pas encore loué ! Auſſi quels ſont vos convives ? Des eſprits géométriques , qui appliquent la regle & le compas aux louanges , au lieu de vous pourvoir de ces complaiſants déliés , alertes , dont les yeux perçants voient tout , ſaiſiſſent tout dans la grandeur. Vous décideriez à votre aiſe : c'eſt ce que vous ne faites preſque jamais. Avez-vous oublié le privilege de votre ſphere , *de ſavoir tout ſans avoir rien appris ?* Eh quoi ! en vous mettant ainſi au niveau des autres, savez-vous ce qui arrivera? Vous aurez proposé votre sentiment, on osera vous contredire. N'est-ce pas vous manquer?

Cependant on parle de vous dans le public, beaucoup moins que de vos égaux, dont le moins brillant vous éclipse. On ne vous cite ni pour la beauté des équipages, ni pour la richesse des habits, ni pour ces magnifiques fantaisies qui caractérisent la haute naissance. Mais on plaisante sur je ne sais quelle prudence qui sent la roture..... Est-il bien vrai que vous avez les yeux ouverts sur vos revenus & sur votre dépense? Comment voulez-vous que vos gens montent aux Sous-Fermes pour vous faire honneur? Est-il bien vrai que vous vous arrangez, vous qui êtes né pour une belle profusion? On ajoute que vous n'achetez plus sur votre nom; que le Marchand ne vous vend qu'au prix courant, comme à votre Suisse; que ces gens de ressource à 20. pour 100. qui font tant d'affaires avec vos pareils, n'en font aucune avec vous.

Eh!

Eh! mais … d'une grande maison vous en ferez une bonne , & on nous donnera la Comédie *du Seigneur Bourgeois*. Chaque état a un ton de maison.

Mais les *airs*…. Quel est le François qui ne les connoît pas? Les petits airs , les grands airs. Ce sont les grands , sans doute, qui vous conviennent. Pourquoi ne leur convenez-vous pas? Vous répondez aux lettres , & votre écriture est lisible! Vous vous guérites derniérement d'une indigestion sans appeller les héros de la Faculté , sans alarmer la Ville! Vous jouez , mais votre jeu n'est pas ruineux! Vous avez un très-grand hôtel , mais vous n'avez point de *petite maison*! Faudra-t-il que ce Financier qui fut Ordonnateur des plats chez Monseigneur votre pere , vous prête la sienne? Ignorez-vous ce que c'est qu'un cocher fougueux qui vous meneroit ventre à terre? Vous n'avez encore écrasé personne! Au contraire , on vous a vu suspendre votre course pour calmer une dispute à coups de poing. Seriez-vous venu

E

à bout de vous perſuader que le peuple eſt compoſé d'*hommes* ? Pourquoi vous voit-on ſi peu où vous ſeriez ſi bien ? De dix plaiſirs bruyants qu'on vous propoſe, *Bals*, *Pieces nouvelles*, vous en refuſez cinq, comme ſi ce n'étoit pas une obligation de votre rang d'avoir toujours l'air de s'amuſer au ſein même de l'ennui. Qu'à l'Opéra une Actrice ſe ſurpaſſe, vous vous en tenez à l'applaudiſſement : devez-vous croire que ces Sirenes ne chantent que pour chanter ? Ce Marquis votre ami, ami comme vous en avez entre vous, eſt fatigué de celle qu'il protege ; mais il la garde par air, comme il fait la guerre par air. Ces airs ſont plus importants que vous ne penſez ; il en eſt un ſur-tout qui doit ſe lever & ſe coucher avec vous : c'eſt l'air de protection ; il va mieux à la grandeur que la protection même.

Il faut le porter dans vos terres ; mais c'eſt où vous êtes encore moins Grand. Ces Forçats de l'humanité qui ont l'honneur de labourer vos domaines, trouvent un accès facile à votre Château ; ils se familiarisent au point de vous nommer *notre bon Maître*, & quelquefois vous descendez dans certains détails, jusqu'à marier leurs filles, & terminer leurs procès. *Monseigneur l'Intendant* leur paroît bien plus Grand, & ils ne vous croient pas fils de feu Monsieur votre Pere.

Croyez-moi ; quand on se laisse tant approcher, on donne de l'insolence aux petits ; & je m'apperçois que je tombe moi-même dans le cas. Si vous étiez toujours environné de la splendeur de votre origine, j'étoufferois toutes ces vérités. J'en ai d'autres dont mon cœur veut se soulager.

Vous avez pris le parti des armes. N'étiez-vous pas déja assez grand sans avoir de chemin à faire ? Votre début fut charmant : vous voyez que je suis juste ; vos mulets, vos fourgons portoient les commodités & le luxe de Paris au milieu du camp. Votre table étoit la premiere en délicatesse ; votre jeu l'emportoit sur

tout autre , & le foir vous vous dé-
laffiez à la Comédie. Les Villes de
Flandre fe fouviendront long-temps
des bals que vous leur avez donnés.
Bon tout cela ! à merveille tout cela !
vous vous fouveniez alors de votre
naiffance. Voilà de la grandeur.

Que vous avez baiffé à votre derniere campagne ! Si c'eft votre étoile
de diminuer avec l'âge , bientôt vous
ne ferez plus de fenfation. Vous étiez
fur le point de partir , & à peine
aviez-vous ordonné le néceffaire ! Vos
gens vous crurent diftrait ; ils vous
firent cent repréfentations pour votre
gloire , toutes fort inutiles ; & fi
une honte bien placée ne vous eût
retenu , vous auriez couru *à franc
étrier*. Cela étoit bon du temps
de Henri IV.

Deviez-vous répéter pour votre
honneur cette caffette que vous per-
dites à l'entrée du camp ? Eft-il vrai
qu'elle étoit remplie de Plans , de
Cartes Topographiques , d'Inftruments de Géométrie , de livres mili-
taires ? Il y eut des paris qu'elle ap-

partenoit à quelque Subalterne. Qu'alliez-vous faire à tous les travaux de
l'armée , aux lignes , aux tranchées ,
aux batteries, queſtionnant , crayonnant ? Vous ambitionnez apparemment la premiere place vacante dans
le *Génie :* c'eſt ce que diſoient de
bons Juges , ceux qui figuroient le
plus. Ignorez-vous donc que la nature forme dans un Grand un Général achevé , tandis qu'elle laiſſe aux
autres la peine de ſe former eux-
mêmes , comme ont fait *Vauban,
Catinat & Valiere ?* Allez-vous m'objeĉter *Turenne ?* C'étoit un Grand
d'une eſpece finguliere & hors
d'œuvre.

Enfin la paix s'eſt conclue. Je
m'attendois à vous voir reprendre votre grandeur dans la Capitale. Point
du tout , vous allez voyager. Eſt ce
une mode que vous voulez amener ?
Et pourquoi voyager ? Pour connoître , dites-vous , le fort & le foible des Nations , qui après la nôtre
méritent quelque attention. Il m'eſt
revenu qu'à la faveur de *l'incognito* ,

vous ne fréquentiez que les manufactures, les chantiers, les atteliers,
les arfenaux, les cabinets curieux ;
que certains Commerçants & Artiftes
vous faifoient l'honneur d'aller dîner
avec vous. C'eft voyager en *véritable
Allemand*. Un François qui voyage
pour *apprendre*, fait tort à fa Patrie ; il ne doit fe montrer aux Étrangers que pour leur *enfeigner* notre po-
liteffe & nos modes. Mais qu'avez-
vous appris ? Me pardonnerez-vous
une furprife que j'ai faite dans votre
porte-feuille ? J'y ai lu des projets de
nouvelles manufactures, des moyens
d'étendre le Commerce, de rendre
la terre plus féconde, de proportionner le luxe & la circulation des ef-
peces aux befoins d'un État. Que
fais-je ? un fyftême où les riches ne
verroient plus de pauvres. Que vous
importe tout cela, pourvu que vous
repréfentiez, & que par-tout on
vous ouvre les deux battants ?

Ce voyage vous a jeté à cent lieues
de vous-même. Vous vous êtes coëffé
de la qualité de *Citoyen :* ce titre eft

bien commun. *La Guerre*, dites-vous, *n'est qu'une fermentation paffagere ; le Roi la fait bien, & ne l'aime pas : s'il lui plaifoit de perpétuer la paix, je deviendrois inutile.* Inutile !... Effacez, fi vous le pouvez, les Milords de la Finance, dépenfez plus qu'eux, employez tous les Ouvriers & les Marchands, que vous paierez à loifir ; foyez très-Grand, & vous ferez très-utile.

Mais, ajoutez-vous, *l'amour de la patrie n'exige-t-il pas quelque chofe de plus que de la repréfentation ?* L'amour de la patrie & la patrie elle-même..... Voilà de vieux mots, de vieilles idées des Grecs & des Romains, qu'il faut réléguer à *Bafle*, à *Amfterdam* ou à *Londres*.

Les livres vous ont gâté auffi-bien que les voyages. Vous avez lu que les Grands de Rome & d'Athenes fervoient autant la République par les talents & les vertus, que par les armes : la plume, la parole, l'adminiftration du tréfor public, la négociation, tout leur alloit. Vous avez lu qu'ils étoient modérés dans leurs maisons, & prodigues pour le bien commun, qu'ils payoient les dettes des pauvres, qu'ils dotoient les filles, qu'ils faisoient des largesses au peuple, pour soulager le poids du travail & de l'inégalité, & qu'il leur arrivoit de finir par tester en sa faveur : tout cela est bon dans *Hérodote*, *Plutarque*, *Tite-Live*, bouquins abandonnés aux Colleges. Lisez le *Nobiliaire du Pere Anselme* : voilà votre vrai livre. Vous y trouverez les armoiries, les titres, les dignités, les illustrations, qui font la grandeur.

En vain la chercherez-vous ailleurs. Le dernier regne a vu des Philosophes qui ont appris à penser à la Nation ; des Poëtes, des Orateurs, qui ont élevé ses sentiments & corrigé ses vices ; des Historiens qui lui ont présenté les causes de son élévation ou les pronostics de sa chûte ; un génie hardi, qui a joint les deux mers pour la mettre à portée de tout ; des Magistrats qui ont assuré son repos intérieur en fixant la Jurisprudence.

Tout cela a-t-il fait des Grands dans l'État ? Ils n'avoient point d'aïeux.

Tenez-vous-en donc au mérite de la naissance : c'est le centre où se réunissent tous les rayons de lumiere. Ou si enfin vous êtes si amoureux de vertus, tâtez-vous le pouls ; elles circulent avec votre sang ; elles ont passé de vos aïeux à vous : ce sont les vôtres, & vous ne sauriez les étouffer ni les perdre. Telle est *la force du naturel*, comme on nous l'a démontré en plein théatre. Vous n'avez qu'une seule chose à faire, & le Public une seule à dire : *il vit en grand Seigneur*. Si vous le faites, j'ai l'honneur d'être *avec un très-profond respect*, sinon, *avec une amitié cordiale*,

MONSEIGNEUR,

Votre très-humble & très-obéissant Serviteur....

DÉCOUVERTE
DE L'ISLE FRIVOLE.

L'Amiral Anson vient de donner au Public l'Histoire intéressante de son voyage autour du monde; mais pourquoi a-t-il voulu nous dérober la connoissance d'une Isle que la nature a formée pour nous comme pour lui ? Est-ce à cause du singulier qu'elle offre par-tout ? Un Anglois craindroit-il de dire le vrai, lorsqu'il n'est pas vraisemblable ? Un François doit oser davantage. Peut-être a-t-il eu une autre raison, une raison d'État : car dans son Manuscrit je trouve cette apostille : « J'ai fait ju-
» rer toute l'Escadre par la sacrée
» liberté du Peuple Anglois, de se
» taire, *upon the Frivolous Island,*
» c'est-à-dire, sur l'Isle Frivole ; »
& moi, je jure, par la soumission Françoise, de parler : On verra qui

de l'Efcadre ou de moi, gardera mieux fon ferment.

Il importe peu au Public de favoir comment le Manufcrit eft tombé dans mes mains : je trahirois, en le difant, celui qui a trahi l'Amiral. L'objet intéreffant eft une traduction fidelle : je m'y engage.

L'Amiral Anfon, après avoir doublé le Cap *Horn* avec tous les dangers de la mer la plus orageufe, & du climat le plus terrible, après fept femaines de nouvelles tempêtes qui l'avoient féparé de la moitié de fon Efcadre, endommagé dans fes voiles, dans fes mâts & dans tous fes agrêts ; occupé fans ceffe à fermer des voies d'eau qui s'ouvroient d'un jour à l'autre, réduit à trois vaiffeaux, infectés généralement du fcorbut, ayant jeté plus de morts dans la mer, qu'il ne lui en reftoit de malades, & il lui en reftoit encore trop pour les provifions qu'il avoit. L'Amiral en cet état projettoit encore d'enlever à l'Efpagne fes meilleures Places en Amérique, ou du moins fes tréfors.

Jamais on n'eut plus besoin d'un lieu de rafraîchissement. Il cherchoit l'Isle de *Juan Fernandez*, entre le 34. & 35. degré de latitude méridionale. Un vent impétueux qui souffloit du Nord, le repoussa vers le 45. dans cet espace immense de l'Océan, où l'on ne soupçonnoit aucune terre. Le pain étoit compté, l'eau étoit mesurée : encore deux jours, il falloit mourir de faim ou de soif. On alloit sans savoir où, lorsqu'un Matelot cria, *terre*. Toute terre est bonne à qui va périr : celle qu'on découvroit, étoit à seize lieues Sud-Ouest. Cet espace fut bientôt parcouru, & le vent s'adoucissant près du terme, ils entrerent, la sonde à la main, dans une baie au Nord de l'Isle, où ils jeterent l'ancre. On se dépêcha de mettre à terre, on dressa des tentes pour les malades. Un bois qui bordoit la baie en amphithéatre, offroit certains arbres chargés de fruits qui ressembloient assez à nos pêches, fruits tardifs, car c'étoit l'hiver de ce climat. On se jeta desfus; mais on s'apperçut bientôt qu'on ne se nourrissoit pas. Ces fruits si beaux, si colorés, ne renfermoient qu'une substance légere, ou plutôt une image de substance, qui laissoit le même besoin: s'il y avoit à gagner, c'étoit de diminuer l'ardeur de la soif. Les arbres participoient à la légéreté du fruit. Un Matelot en saisit un pour gagner un talus élevé; l'arbre cédant, le Matelot roula, & s'accrochant à un autre arbre pendant sa chûte, ce denier fut déraciné comme le premier. L'Amiral ne perdit point de temps pour chercher de l'eau douce, & des nourritures plus solides; il prend avec lui dix hommes parmi les moins malades; il marche à leur tête, & perce dans les terres. Les premiers habitants qui se présenterent, furent des tigres. Ces fiers animaux, avant que d'être apperçus, se jeterent sur la troupe; mais leurs griffes & leurs dents n'étoient qu'un cartilage flexible, plus fait pour orner que pour blesser: ce ne fut qu'un jeu. Après quatre heures de marche à travers la forêt, nos braves entrerent dans une plaine couverte d'arbrisseaux chargés de fleurs & de fruits. A cet aspect ils ne furent plus si c'étoit l'hiver ou l'été de l'Isle. Le doute ne fut pas long. Si les fruits qu'ils avoient trouvés au bord de la baie, nourrissoient peu, ceux-ci ne pouvoient pas même se manger : pures efflorescences chymiques. Le limon végétal s'étant épuisé pendant l'été en productions réelles, réelles à la façon du pays, ce limon, qui contient sans doute beaucoup de sel & de parties métalliques, produit en hiver *ces arbres de Diane & de Mars, ces grappes de raisin*, & autres fruits que nous formons dans nos laboratoires avec du mercure, du sel ammoniac, des métaux & de l'esprit de nitre. Les oiseaux venoient béqueter ces végétations trompeuses, & sembloient se fâcher contre la charlatanerie de la nature. Ils étoient trompeurs eux-mêmes ; la plupart avec le volume de nos faisans, n'avoient que le gosier aigu de nos serins ; & pour

entendre les ferins de l'Ifle, il faudroit des tympans plus fenfibles que
les tympans Européens.

En avançant dans la plaine, ils
virent des chevaux attachés à des
arbres, des hommes qui jouoient de
divers inftruments, & des femmes
qui, un foufflet à la main, faifoient
voler la pouffiere. C'étoit leur façon
de labourer la terre, auffi légere que
la fleur de farine : le vent du foufflet
traçoit les fillons, & les hommes
femoient. A la vue des étrangers, tout
prit la fuite ; il ne refta que les chevaux ; reffource utile, s'ils avoient pu
porter leur cavalier ; ils plierent fous
le faix. Il fallut fuivre à pied les
traces des timides laboureurs. Leur
habitation n'étoit pas éloignée : l'a-
larme y avoit été répandue ; ils fe
préfenterent en grand nombre, armés
d'arcs & de faulx pour en défendre
l'entrée. La prudence de l'Amiral
ne s'endormit pas. Il convenoit de
fléchir l'ennemi plutôt que de le
vaincre ; il s'arrêta à la portée de
l'arc, & fit pofer les armes à fa troupe,

les bras étendus vers les combattants. La nature est entendue par-tout : les femmes, qui étoient en seconde ligne, se détacherent, & vinrent à nos voyageurs en dansant. La faim danse bien mal ; il fallut pourtant se prêter à la belle humeur des danseuses, qui les menerent à leurs maris sans rompre la mesure.

On entra dans l'habitation ; on devina leurs besoins par leurs signes ; on leur servit du pain & des viandes : leurs hôtes furent très-surpris de les voir manger ce qui auroit rassasié trente Insulaires ; mais ils l'étoient bien plus eux-mêmes de sentir encore une faim dévorante. Le pain avoit la légéreté de nos oublies, & la viande peu compacte étoit presque sans consistance : un mouton égal en volume aux nôtres, ne pesoit que dix livres. Ce qu'ils trouverent de plus réel, ce fut l'eau. L'idée du vin ne se présentoit pas à eux ; on leur en offrit pourtant : c'étoit une liqueur mousseuse, ou, pour parler exactement, de la mousse toute pure, qui ne fai-

ſoit qu'une illuſion agréable. Tant
de phénomenes embarraſſoient l'Amiral; mais ce n'étoit pas là le moment
d'exercer ſa Phyſique. Il étoit queſtion de reprendre des forces. On ſup-
pléa à la qualité des aliments par la
quantité, & on convint enfin qu'on
avoit mangé.

L'Amiral n'attendit pas la fin de
ſa digeſtion pour penſer à ſes *freres*;
(c'eſt une expreſſion que la bonne
compagnie ne paſſe qu'aux Prédicateurs, mais elle eſt de lui) tandis
qu'il cherchoit à ſe faire entendre aux
honnêtes gens Inſulaires, il fut inter-
rompu par deux hommes armés, qui
n'avoient pas l'air ſi obligeant. C'é-
toient deux Exacteurs des tributs,
qui faiſoient reſpecter le Souverain.
Ils entraînoient un habitant du lieu,
chargé d'un fardeau; une jeune
femme ſuivoit tout en pleurs; on lui
enlevoit ſon mari & ſon lit. Les Exacteurs lui rendirent un collier de verre:
elle eſſuya ſes larmes, & chanta.
Après cette courte diſtraction, l'Amiral reprit les ſignes qu'il avoit com-

mencés ; il s'avifa de ranger onze pierres fur la même ligne , en fe défignant lui & fa petite troupe ; après il en ajouta trois cents , pour repréfenter tous les hommes de l'Efcadre, en montrant le côté de l'Ifle où s'étoit fait le débarquement : il fut compris. Mais comment tirer d'une petite habitation de quoi les nourrir ? Un vieillard le prit par la main, & le conduifit à un point de vue, d'où il découvrit une Ville maritime, qui lui parut auffi grande que Londres. Il en prit le chemin fur le champ : la marche ne fut pas longue : il y avoit une nombreufe garde à la porte où ils furent arrêtés.

C'eft une Loi dans la Capitale de l'Ifle Frivole, de n'y recevoir aucun étranger, que fur la preuve de quelque talent utile, dont le Gouverneur lui-même fait l'examen. Il fe préfenta accompagné d'une troupe de pantomimes, qui l'empêchoient de s'ennuyer dans l'exercice de fon miniftere.

Qui êtes vous, leur demanda-t-il en les regardant en pitié ? L'Amiral

fut bien surpris de s'entendre ques-
tionner dans une Langue qu'il savoit,
en Langue Françoise. " Nous sommes
" Sujets, répondit-il, du plus grand
" Monarque de l'Europe. " *Il faut,*
reprit le Gouverneur, *que votre Europe soit bien pauvre ; ce n'est pas la
premiere fois qu'elle nous envoie des
hommes qui ne sont vêtus que jusqu'aux
genoux, & mal vêtus. Par la lumiere !
si mes gens étoient en aussi mauvais
ordre, on me chasseroit de ma place :
mais que demandez-vous ?* " D'entrer
" dans votre Port pour nous radou-
" ber & nous rafraîchir. " *Quels sont
vos talents pour être admis dans la
Ville de l'Esprit ?* " J'ai à bord, dit
" l'Amiral, des Constructeurs, qui
" savent doubler le mouvement d'un
" vaisseau par la coupe ; on se mit à
" rire : des Ouvriers en mines, à qui
" la terre ne sauroit dérober ses tré-
" sors ; on en rit encore plus : des
" Chirurgiens qui pénetrent l'inté-
" rieur du corps humain, comme
" vous voyez la surface ; on éclata à
" ne plus s'entendre.

L'Amiral se recueillant un peu, imagina que, pour mettre les Rieurs de son côté, il falloit citer quelques talents supérieurs & plus scientifiques. Il avoit sur l'Escadre des Savants qui avoient quitté les délices de Londres pour constater la figure de la terre, & fixer les longitudes. " Nation sage & éclairée, reprit-il, ,, j'ai aussi sur mes vaisseaux des Géo- ,, graphes, qui connoissent la terre ,, comme vous connoissez votre Ville; ,, des Physiciens, pour qui la nature ,, n'a point de secret ; des Mathé- ,, maticiens, qui savent mesurer, peser, ,, nombrer toute la création ; & moi ,, qui vous parle, je puis, sans quit- ,, ter cette place, vous dire, par la ,, Trigonométrie, la hauteur de cette ,, tour que j'apperçois à deux mille ,, pas. ,, On étoit las de rire, le mépris succéda ; le Gouverneur tourna le dos, & la barriere se refermoit. *Milord*, lui dit un curieux de la foule en mauvais Anglois, *laissez là tous ces grands talents, qui ne vous ouvriront jamais le plus petit guichet.*

J'ai été reçu dans cette Ville, j'y ai fait ma fortune en chantant. "Sublime
„ Gouverneur, s'écria l'Amiral, Gé-
„ nie lumineux, comment oubliois-je
„ de vous dire que notre Nation ex-
„ celle en danſe, en muſique & en
cuiſine ! „ Le Gouverneur revint ſur
ſes pas : on battit des mains. Richard
Walter, Chapelain du *Centurion*,
tira une flûte traverſiere, inſtrument
inconnu aux Frivolites : il en joua,
& nos Marins, ſans excepter l'Amiral, danſerent une Matelote, qui fit
tomber pour un mois toutes les danſes
de la Ville. Il y auroit eu cent portes,
on les eût ouvertes. Cependant les
Gardes de la barriere retarderent l'entrée pour quelques minutes : ils fouil-
lerent les étrangers pour ſavoir s'ils ne
portoient rien qui fût ſujet aux droits.
Ils trouverent dans la poche de l'Amiral un étui de Mathématique, qui ne
reſſembloit pas à ceux de l'Iſle : il
fut confiſqué en attendant les pour-
ſuites ultérieures.

Enfin le Gouverneur ſe mit en mouvement, & nos Anglois ſuivirent. Ils

ne s'attendoit pas, chemin faifant, à voir rouler des équipages dans le goût de Paris & de Londres. La marche fe termina à un Palais immenfe : c'étoit celui de l'Empereur. Il y a douze cours à traverfer avant que de pénétrer à fes appartements. Ces cours font environnées de bâtiments avec des boutiques. Là, outre les Officiers du Monarque, font logés dix illuftres de tous les métiers qu'on juge les plus néceffaires à l'Etat. Les Brodeurs, les Verniffeurs, les Bijoutiers, les Marchands d'odeurs, les Fabricants d'étrennes, les Ouvriers en luftres, les Compofiteurs de defferts figurés, les Inventeurs & les Contrôleurs de modes, les Peintres pour les voitures de ville, les Maîtres à danfer, & les Faifeurs de Romans, qui font obligés en commun & folidairement d'en donner un chaque femaine.

On arriva enfin aux appartements de l'Empereur. Sa Toute Élégance (c'eft le titre qu'on lui donne) y délibéroit avec fes Miniftres fur une proposition qui tenoit toute la Ville en suspens. Il s'agissoit de décider si on logeroit les Eventaillistes à la Cour. On agitoit vivement la question. Mais il parut encore plus important pour le moment de voir les Étrangers qui furent introduits. Il fallut donner en présence du Conseil de nouvelles preuves des talents dont le Gouverneur avoit fait le rapport. Richard Walter, avec sa flûte, tâcha de se surpasser, & les Danseurs à l'envi. Mais le talent de la cuisine, que l'Amiral avoit jeté en avant, n'étoit pas encore éprouvé. Il exécuta avec son Cuisinier, qui heureusement étoit de la troupe, un *Pouding* quintessencié : le Monarque & les Ministres en mangerent ; & sur le champ l'ordre fut signé pour ouvrir le Port à la petite flotte, qui effectivement y entra le lendemain. Il étoit temps pour ces malades affamés ; car il en étoit mort dix pendant la nuit, autant de besoin que de maladie.

Il est peu de nations plus serviables que les Frivolites de la Capitale, pourvu qu'ils foient bien payés. On porta auſſi-tôt aux Étrangers des rafraîchiſſements de toute eſpece ; mais quand il fallut en compter la valeur, il ne tinrent plus rien. Les Frivolites ne connoiſſent ni or ni argent : ils ont pour monnoie des pieces d'agate, des *agatines*. A la vue des chellins & des guinées d'Angleterre, ils remballerent leurs proviſions. L'Amiral ſentit la néceſſité de procéder par échange. Des vaiſſeaux marchands auroient été moins embarraſſés. Il ſe ſouvint pourtant qu'il avoit à bord quelques pieces de dentelles & de rubans : il ſe fit dreſſer une eſpece de théatre, & débuta par le ruban. Il apperçut une impreſſion vive de plaiſir dans les yeux de la multitude ; mais pour ſavoir quel parti il en tireroit, il en coupa une aune. A l'inſtant un Boulanger s'avança, & jeta vingt livres de pain ſur le théatre : le Boucher, le Pâtiſſier, les Marchands dé vin & de liqueurs eurent leur tour ; en ſorte qu'avec dix ou douze pieces

de

de rubans, la Flotte se trouva suffi-
samment approvisionnée pour un
jour. L'Amiral, en établissant la proportion, trouva qu'avec la totalité
de ses rubans, il pourroit nourrir son
monde pendant un mois.

Sur le midi on lui annonça que
l'Empereur viendroit le jour même
visiter l'Escadre. Il n'avoit pas oublié les reproches du Gouverneur sur
le mauvais ordre des habits. Il ordonna un air d'ajustement, un air
même recherché à l'équipage ; après
quoi on se mit sous les armes, & sur
deux lignes qui aboutissoient au *Centurion*. L'Empereur chercha des yeux
l'Amiral, & eut peine à le reconnoître : il l'avoit vu la veille dans ce
négligé qui sied bien sur un vaisseau, & si mal à la Cour. Il porta la
main à ses cheveux ; il en mania les
boucles avec une attention singuliere :
il trouva que celles qu'on formoit
dans l'Isle, n'en avoient ni les graces,
ni l'ensemble. Le Capitaine du *Glo-
cester* causa bien une autre surprise.
L'Impératrice, en tâtant sa frisure,

y mit trop d'avidité & de rudesse: c'étoit une perruque ; elle la sépara de la tête, & crut avoir arraché la peau au malheureux *Mitchel*. Ces riens causerent des événements dont nous parlerons dans la suite.

L'Empereur continua sa marche. Il trouva les vaisseaux monstrueux & désagréables à la vue. Pour piece de comparaison, il montroit sa Marine, qui faisoit face dans le Port ; des especes de chaloupes élégamment couronnées. Les pouppes étoient en marqueterie, parsemées de nacre, les voiles de pourpre, & les cables de soie. Il monta sur le *Centurion*. Les Frivolites n'avoient jamais vu, ni fusils, ni canons, ni bombes, ni boulets : ils regardoient tout cela fort rapidement, sans faire une question. L'Amiral n'en fut pas fâché ; il n'étoit pas assuré d'être long-temps dans la faveur ; & en cas d'événement, il étoit bien aise de contenir les Insulaires, autant par la surprise que par la force de son artillerie. Cependant il voulut donner quelque nourriture à la curiofité. Il fit remarquer la coupe & la manœuvre des vaiffeaux, les pompes & le cabeftan : le Monarque bâilla, & toute la Cour à l'uniffon. Il finit par la bouffole. " Le pays d'où nous venons eft éloi- » gné, dit-il, de plus de 6000. » lieues : c'eft ce fer mouvant qui » nous a conduit. " Il effaya d'expliquer les rapports de l'aiguille aimantée avec les poles : il parloit à des fourds, mais non à des aveugles. Les yeux de l'Impératrice venoient de tomber fur une caiffe de rubans, que le hafard avoit laiffé ouverte : elle en faifit une piece avec avidité, & fournit à l'Amiral l'occafion de faire fa cour en livrant tout le magafin. L'Empereur en diftribua quelques rouleaux, & fe réferva le refte, en demandant fi c'étoit tout. " J'en avois davantage » ce matin, répondit l'Amiral; je » les ai échangés contre des vivres : » c'eft la feule monnoie que vos Mar- » chands aient voulu recevoir de » nous. " *Ils n'en jouiront guere*, dit le Monarque : *pour vous, foyez tranquille.* En effet, il ordonna au Tréforier de l'État de lui compter dix mille agatines : fomme qui pouvoit fuffire pour la nourriture d'un mois. Le lendemain il émana du Trône une Déclaration, qui enjoignoit aux Vendeurs qui avoient été payés en rubans, de les rapporter au Bureau des Modes ; & le Bureau eut ordre d'analyfer le ruban, pour en établir une Manufacture.

L'Amiral tranquille fur les provifions de bouche, ne l'étoit pas fur le radoub de fes vaiffeaux ; il lui falloit du bois. Celui qu'il avoit apperçu dans l'Ifle, étoit trop tendre & trop frêle pour cet ufage. Il s'informa : on lui donna connoiffance d'une forêt, à la diftance de dix lieues, la feule où les arbres, par la qualité particuliere du fol, fuffent durs & réfiftants. Il partoit pour la reconnoître, lorfqu'il lui vint un ordre d'aller frifer la Cour. Il fut très-embarraffé pour obéir. Il crut trouver une reffource dans trois valets de chambre Barbiers, qui avoient perfectionné leur goût à Paris : *Jacques Quick*, *Thomas Ball* & *George Shaver*: l'Amiral les nomme, parce qu'ils vont jouer un assez beau rôle. Il se fit accompagner du Colonel *Cracherode*, qui commandoit les troupes de terre ; & des deux Capitaines *Mitchel* & *Saunders*. Assurément ni eux ni lui ne comptoient mettre la main à l'œuvre. Ils se tromperent : l'Empereur présenta sa tête à l'Amiral. L'Impératrice & deux Princes, l'espoir du Trône, s'emparerent du Colonel & des deux Capitaines. L'Amiral s'excusa aussi-bien qu'eux, en disant qu'ils possédoient bien toute la théorie de cet art, mais qu'ils manquoient de pratique. Durant ce propos un Courtisan rioit malignement, & l'Amiral avoit senti de l'antipathie pour lui, avant même qu'il eût ri. Les valets de chambre furent ici les vrais Acteurs. L'ouvrage alloit, & le Monarque s'avisa de demander à l'Amiral de quelle Nation Européenne il étoit ? *De la premiere*, répondit-il ; *Vous êtes donc François*, reprit le

Courtisan rieur. Cette conséquence ne fut pas du goût de l'Amiral, qui en se déclinant *Anglois*, voulut prouver sa proposition ; le Courtisan, sa conséquence. La dispute s'échauffoit, & la frisure finit à la gloire des trois Artistes, qu'on logea dans la douzieme cour du Palais. Ce furent les hommes du jour. Pour leurs Maîtres, ils ne remporterent que beaucoup d'indifférence & peu d'estime. L'Amiral retourné à l'Escadre, réfléchissoit assez tristement sur cette aventure. Le froid avec lequel il avoit été congédié, ce Courtisan qui avoit pris le parti de la France, la Langue Françoise répandue à la Cour … y avoit-il des François dans l'Isle ? Mais comment y seroient-ils venus, sans qu'il en eût jamais rien transpiré en Europe ? Et s'il y en avoit, pouvoit-il se flatter d'une bonne intelligence avec eux ? L'incertitude est cruelle. Il alla voir ce Courtisan dont il étoit mécontent : s'il existoit des François dans l'Isle, celui-là devoit l'être.

Le Courtisan, après avoir un peu

joui de fon embarras , déchira le
voile. " J'étois à Paris , lui dit-il ,
" en 1719. lorfque tout le monde
" changeoit fon or contre du papier.
" Je ne fuivis pas la mode , parce
" je n'avois point d'or. Mais en m'in-
" triguant pour procurer du papier à
" ceux qui en vouloient , j'amaffai
" de l'or. J'étois jeune au milieu
" d'une Ville de dépenfes & de plai-
" firs : je diffipai auffi promptemeut
" que j'avois acquis. Il ne me refta
" que des paffions ; & je m'apper-
" çus bientôt que n'ayant plus d'or ,
" je n'avois plus de mérite. Il me
" vint une idée d'aller chercher du
" mérite au Pérou : je la communi-
" quai à quelques amis : ils la goû-
" terent pour eux-mêmes. La colo-
" nie groffit infenfiblement ; nous
" nous embarquames à la Rochelle
" pour *Porto-Bello* , au nombre de
" cent foixante. La navigation fut
" heureufe jufqu'à la hauteur des
" Ifles Antilles ; mais un vent con-
" traire , qui fe foutint avec opiniâ-
" treté , nous porta fur les côtes du

» Brefil. Il ne fut plus queftion de
» Porto-Bello. Le Capitaine, pour
» tirer parti du contre-temps, forma
» le deffein d'aller à *Lima*, où il ef-
» péroit de fe défaire de fes mar-
» chandifes avec avantage. Nous
» tournions l'Amérique. Nous paf-
» fames le Détroit de *le Maire*; &
» c'eft au fortir de ce Détroit, que
» tous les vents nous attendoient pour
» nous offrir la mort à chaque mi-
» nute. Des tempêtes qui ne s'ap-
» paifoient que pour reparoître plus
» furieufes, nous pouflerent & re-
» poufferent long-temps d'abyme en
» abyme.

» Le vingtieme jour nous étions
» bien perfuadés qu'il n'y avoit point
» de terre dans le parallele que nous
» courions; & lorfqu'à travers tant
» d'horreurs nous abordames à ce
» monde inconnu, nous doutions
» de la vérité de notre eftime. N'étoit-
» ce point le Pérou qui s'offroit à
» nous ? Quoique ce fût, c'étoit une
» terre enfin. Elle nous préfenta d'a-
» bord un rocher fort élevé: nous y

» montames pour découvrir le pays
» où le sort nous jetoit. A peine
» fumes-nous au sommet, que le
» vaisseau que nous voyions à nos
» pieds, chassa sur ses ancres, & un
» coup de vent nous le fit perdre de
» vue pour toujours avec le Capitaine
» & les Matelots. Sans doute ils ont
» trouvé la fin de leurs maux dans le
» sein de l'Océan. Nous errames
» d'abord de bourgade en bourgade,
» sans autre dessein que celui de vi-
» vre. Ensuite nos idées se tournerent
» du côté de la Capitale : les grandes
» Villes sont plus fécondes en res-
» sources. Nous en étions à deux
» cent lieues. Que de peine à souffrir
» pour y arriver ! mais la consolation
» fut prompte.

» Les Frivolites s'apperçurent com-
» bien nous leur étions nécessaires. Ils
» étoient justement dans cette dispo-
» sition d'esprit où un peuple cherche
» à sortir de sa barbarie. Ils n'avoient
» encore ni lustres, ni sophas, ni
» bijoux, & les visages des femmes
» n'étoient pas encore vernis. Mais

» on commençoit à multiplier les lu-
» mieres, à élargir les chaises, à
» tailler le verre à facettes ; & les
» femmes, lorsqu'elles vouloient re-
» présenter, prenoient d'un elixir,
» qui, en fouettant le sang, animoit
» leurs couleurs. La finesse de la
» cuisine, les ornements de la table,
» les prestiges de la parure, l'élé-
» gance des meubles, la variété des
» équipages, les broderies, tout cela
» s'ébauchoit. On ignoroit les mo-
» des ; mais on convenoit qu'il n'étoit
» plus possible à une honnête femme
» de porter une robe toute une sai-
» son ; & en général d'avoir toujours
» la même forme d'habit, comme
» on a le même nez.

» Les mœurs tendoient aussi à se
» dépouiller de leur rudesse. Les airs
» maniérés, les complliments, le bon
» ton, les vapeurs, les soupés di-
» vins, les dépenses de fantaisie, les
» amitiés des levres, les amours d'un
» jour, toutes ces fleurs d'urbanité
» étoient dans le bouton, n'atten-
» dant qu'un coup de soleil pour

'' éclorre. Les maris ne fentoient pas
'' encore le ridicule d'aimer leurs
'' femmes ; mais ils y trouvoient déja
'' de la gêne. Les femmes n'avoient
'' pas encore abandonné les foins do-
'' meftiques pour ceux de la toilette ;
'' mais une voix fecrette leur difoit
'' qu'elles étoient nées pour un rôle
'' agréable & brillant. A peine comp-
'' toit - on quelques Seigneurs qui
'' euffent le courage de dépenfer au-
'' delà de leurs revenus ; mais de-
'' puis quelques années on y étoit
'' jufte. Enfin les Frivolites n'avoient
'' pas encore le goût ; ils avoient feu-
'' lement du goût pour le goût.

'' Mais malgré cet heureux natu-
'' rel, qu'il en coûte, Milord, pour
'' former une Nation ! '' *Milord, à
ce propos, fronça le fourcil. Il voulut parler de loix, de vertus, de
fciences, d'arts utiles pour remplir ce
grand objet.* " Vouliez-vous donc,
'' reprit le François, que nous mif-
'' fions cette Capitale en bonnet de
'' nuit ? Tous ces arts qui réjouiffent
'' les yeux, qui embelliffent les paf-

F 6

„ fions , ils les tiennent de nous ; nous
„ avons poli leurs vices , & ils ont
„ adopté notre Langue, qui a donné
„ du jeu à leur efprit. Heureufement
„ à notre départ de France, chacun
„ s'étoit muni d'une bibliotheque de
„ poche , (que faire fur un vaiffeau!)
„ tous livres de goût ; des Romans
„ délicieux , des Comédies péril-
„ lantes d'efprit , des Tragédies ga-
„ lantes, des Opéras d'amour fondu.
„ Vous ne fauriez croire avec quelle
„ fagacité ils en ont imité les graces.
„ Nous comptons aujourd'hui fix
„ cents Poëtes & deux mille Roman-
„ ciers. Vous en jugerez vous-même :
„ lifez cette Comédie faite par un
„ Grand de la Cour , & ce Roman
„ dont un Magiftrat eft le pere.

„ Au refte, la Colonie a femé
„ pour elle-même. On nous a tous
„ diftingués dans l'État , moi fur-
„ tout , pour qui on a créé une
„ Charge de la Couronne. Vous par-
„ lez au grand Contrôleur des Mo-
„ des : cette place a bien des fleurs ,
„ mais elle a fes épines. Une mode

,, avec ces gens-ci vieillit en quinze
,, jours. Il faudroit être plus que
,, François pour toujours fournir. Ah!
,, si le fort ne nous eût pas enlevé
,, notre vaisseau .... il étoit chargé
,, de tout ce superflu de France, qui
,, est ici le nécessaire. Que de mo-
,, deles pour cette Ville ! ce ruban
,, qui vous fait tant d'honneur, il y
,, a long-temps qu'il y figureroit. On
,, ne sauroit tout faire à la fois. Il faut
,, des siecles pour égaler Paris. On a
,, sans doute beaucoup perfectionné
,, depuis notre départ. J'ai apperçu ,
,, comme tout le monde, un nouveau
,, goût dans la frisure que vous avez
,, apportée.

,, Mais pesez bien, Milord, ce
,, que je vais vous dire. Ou c'est
,, votre dessein de vous établir dans
,, cette terre, ou ce ne l'est pas ? Si
,, ce ne l'est pas, que vous importe
,, d'y acquérir de la considération ,
,, en y montrant des nouveautés ? Si
,, ce l'est, gardez - vous désormais
,, d'en produire aucune sans mon
,, agrément. Vous les tenez toutes de

,, la France ; avouez-le de bonne foi.
,, Faites-lui-en hommage. Sans cela,
,, malheur à vous : notre crédit eſt
,, grand. ,,

Loin de me fixer ici, répondit l'Amiral, *je vous offre de vous remener dans
votre Patrie , que vous regrettez ſans
doute.* " Nous l'avons regrettée, il
,, eſt vrai , repliqua le grand Con-
,, trôleur ; nous craignimes long-
,, temps de ne pouvoir ſubſiſter des
,, aliments de l'Iſle ; & nos frayeurs
,, augmenterent beaucoup , lorſqu'a-
,, près quelques années nous nous ap-
,, perçumes que notre chair ſe raré-
,, fioit, ſe ſubtiliſoit ; que notre ſubſ-
,, tance ſe diſſipoit. ,, En prononçant
ces mots , il fit une gargouillade, &
donna du pied dans un luſtre. " Croi-
,, riez-vous , ajouta-t-il , que je ne
,, peſe plus que cinquante livres ? Les
,, enfants que nous avons faits dans
,, les premiers temps de notre tranſ-
,, migration , nous n'oſions les tou-
,, cher. Ces jolies machines avoient
,, apporté du ſein de leurs meres des
,, reſſorts extrêmement délicats, trop

„ délicats pour se jouer avec les forces
„ de l'Europe, dont nous conservions
„ encore une partie. Mais insensible-
„ ment les proportions se sont éta-
„ blies entre notre constitution & la
„ nature de l'Isle, & nous vivons
„ heureux avec un peuple qui a l'ima-
„ gination couleur de rose. „

L'Amiral avoit la sienne couleur
de bois, très-enfoncée dans la forêt :
il y alla, & il en revint content. Cependant il falloit un ordre du Souverain pour couper ; il demanda une
audience qui lui fut refusée : il l'auroit peut-être obtenue par le moyen
du grand Contrôleur, mais la confiance n'étoit pas établie entr'eux. Il
s'adressa à d'autres Favoris, dont aucun n'osa porter sa demande aux pieds
du Trône. Quand la faveur manque,
on doit recourir aux voies ordinaires.
Il se présenta au premier Ministre,
un Placet à la main. Tous les Pla-
cets qui étoient soupçonnés de causer
le moindre déplaisir au Monarque,
étoient supprimés. Le sien eut le même
sort. Il repassoit les anti chambres

d'un air soucieux. Il fut arrêté par un Seigneur, espece de Philosophe, qui pensoit trop singuliérement pour faire son chemin à la Cour ; mais il y étoit souffert à cause de la grandeur de sa naissance : il questionna l'Amiral sur la position, le gouvernement, la marine, le commerce de l'Angleterre. L'Amiral fut étonné du sérieux des questions, les premieres de cette espece qu'on lui eût faites. Après lui avoir répondu, il lui exposa le sujet de son chagrin. *Vous ne voyez pas en plein jour,* lui dit le Questionneur ? *n'avez-vous pas donné à l'Empereur trois hommes importants, sur-tout Quick, qui le coëffe ? Vous cherchez bien loin ce que vous avez dans vos mains :* & il le quitta.

Il faut que la fierté Angloise ait d'abord été un peu blessée de la voie subalterne qu'on lui suggéroit ; car il fait une réflexion héroïco-philosophique, qu'*il n'y a rien de bas pour qui sert sa patrie.* Il alla donc trouver *Quick,* son valet de chambre, à qui, par un reste d'habitude, il parla en maître. Quick répondit en indépendant. L'Amiral mit du moëlleux dans son ton, qu'il orna d'une boîte d'or. Quick promit tout, & tint parole. Le troisieme jour il apporta l'ordre signé. Mais il se trouve souvent des difficultés où l'on n'en voit plus. Dès qu'on voulut mettre la coignée à un arbre, l'Intendant des forêts en marquoit un autre qui ne convenoit pas. L'Amiral montroit son ordre, & s'en tenoit à la lettre. L'Intendant en expliquoit l'esprit. Deux mille agatines le ramenerent au même sens; & tout fut disposé pour le radoub. Après quoi l'Amiral dans son loisir se livra aux spéculations sur l'Isle Frivole.

Elle est située par le 45. d. 8. min. de latitude méridionale, & par le 220. d. 17. min. de longitude, en comptant depuis le Méridien de Ténérif: elle est fort élevée au dessus du niveau de la mer, environnée, ou peu s'en faut, de hautes montagnes, qui la mettent à l'abri des vents. L'air qu'on y respire invite au plaisir par sa douceur, & donne beaucoup de jeu

au fang par fa fubtilité. Elle a environ fix cents lieues de diametre. Il y
a trois grandes Nations à l'Oueft,
qui n'en font féparées que par un
bras de mer. Le tout fait un monde à
part. L'Amiral ne parle que de l'Ifle,
& encore fort fuperficiellement : le
temps a manqué à fes découvertes.

J'appercevois, dit-il, des phénomenes inconnus ailleurs : la terre auffi
légere que la fleur de farine, les
arbres fans folidité, les fruits plus
faits pour flatter le goût que pour
nourrir ; d'autres travaillés dans les
creufets, d'une nature chymifte, &
qui ne flattent que les yeux ; le vin
dépouillé d'efprits, la chair ufuelle
peu fubftantieufe, & en général tous
les animaux n'ayant que le volume
fans avoir le poids proportionnel ni
la force ; par-tout enfin l'image de la
nature plutôt que la nature. Tout
cela l'embarraffoit beaucoup, & tout
cela devoit avoir une caufe. Ces Ami-
raux Anglois font finguliers. Je crois
bien, comme nous l'affurons tous,
qu'ils ne nous valent pas à la tête

d'une Flotte ; mais ils ont la vanité d'être Phyſiciens, Géometres, Aſtronomes, & tout ce qu'on voudra. Celui-ci peſe l'air, analyſe la qualité de la terre ; il examine les ſoufres, les ſels, les huiles, les ſucs qui donnent l'être aux végétables, dont il cherche les rapports avec les animaux qui s'en nourriſſent. Il creuſe à l'Angloiſe. Et bien ! qu'il creuſe tout ſeul, tandis que nous regarderons le tableau de la Capitale qu'il a croqué.

La Ville de l'Eſprit eſt auſſi grande que Londres. On y compte un million d'habitants : elle en contiendroit deux, ſi elle n'étoit pas coupée par la quantité de jardins & de vaſtes bâtiments, où l'on ne multiplie point. On n'y travaille pas plus. Les familles qui les habitent, ſont uniquement chargées de réciter des prieres pour ceux qui travaillent.

La Ville eſt traverſée par un fleuve. On a bâti ſur les ponts, où l'on aime mieux voir des magaſins de luxe, que de promener ſes yeux ſur la longueur de ce beau canal.

Il faut, dit l'Amiral, qu'avant le débarquement des François, il y ait eu un siecle où les Frivolites tenterent déja de sortir de leur barbarie ; mais vraisemblablement les Génies qui voulurent les en tirer, n'étoient pas au ton général de la Nation. Ils planterent des avenues, ils construisirent des portes triomphales, ils commencerent des quais, ils bâtirent des places, ils désignerent des fontaines publiques, ils éleverent des édifices à la vertu & aux sciences. Ils ne firent pas tout, & ce qu'ils n'ont pas fait, est encore à faire.

Parmi plusieurs monuments d'architecture qu'ils ont laissés, il en est un qui étonne par la composition, l'harmonie, la hardiesse & la grandeur de ses parties. C'est un Palais que les Frivolites reverroient tous les jours avec plaisir, s'il n'étoit que joli ; mais il est beau ; ils l'ont masqué, & quoiqu'il fût destiné à loger leur Souverain, il n'est pas encore couvert. Il reste aussi de ce siecle trop sérieux, des tableaux, des statues, des

poëmes & des pieces d'éloquence, où
la nature est trop bien rendue pour
plaire long-temps. Les peres séduits
par la nouveauté, admirerent peut-
être tous ces chefs-d'œuvre ; mais les
enfants ont des bijoux de toute espece, des cabinets élégants, des équipages miraculeux.

Il est peu de Villes au monde où
les arts méchaniques soient si agréables : les Artistes ont bien profité des
leçons de la Colonie Françoise : trop
profité ; car ils outrent tout pour
contenter la Nation ; ils s'épuisent en
précieuses bagatelles, en cent petits
meubles, en mille jolis riens de peu
de durée. Les Manufactures fournissent des étoffes volatiles, qui n'ont
que quelques représentations. Un Ouvrier qui ne donneroit que du bon,
n'auroit pas de pain.

Il est peu de Villes aussi, il n'en
est point où les beaux arts soient si
jolis. La peinture néglige la force &
l'expression pour se parer d'un brillant
coloris : elle plaît sur-tout, lorsque,
sous des traits mignons, elle s'en-

châsse dans de jolies boîtes. Les morceaux de force qui lui échapperent
autrefois, passent à une Nation voisine, qui n'a pas les yeux faits pour
les graces. La Poésie dans ses fureurs
tragiques ne s'avise pas d'exciter la
terreur & la pitié, ni d'inspirer ces
vertus féroces qui sauvent les États.
C'est une Coquette qui amuse par
l'éclat de sa parure, & la galanterie
de ses propos ; qui se fâche pour le
plaisir de se fâcher, & qui pleure
pour rire. L'Éloquence n'est pas un
torrent qui entraîne ; c'est un ruis-
seau qui murmure sous des fleurs ; &
l'Histoire s'habille en Roman.

L'Amiral fait ici une réflexion. Et
quand n'en fait-il pas ? Ce n'étoit
pas son dessein d'écrire pour nous,
mais pour sa Nation. Il pense que les
femmes Frivolites ont donné le ton
aux arts. On veut leur plaire comme
elles plaisent, par des minauderies,
des couleurs empruntées, & des
graces factices.

Les Sciences à leur tour ont voulu
s'ajuster : elles n'y ont pas encore

réussi. Les talents les éclipsent toujours. Le Général Cracherode entendit une Oraison funebre : c'étoit celle
d'un Chantre à cadences perlées.
L'Orateur , après une artillerie d'antitheses , le mit au dessus du plus
grand Phiosophe de l'Isle. Le lendemain le Capitaine Saunders se trouva
chez un homme d'État , qui venoit
de s'enrichir en veillant au bien d'une
Province. Il y vit un Maître à danser qui s'étoit fait beaucoup prier
pour communiquer ses graces à l'héritier de la famille. On lui offrit un
certain prix : *Me prenez-vous ,* dit
l'homme à talent , *pour un Maître de
Physique ?* Il disparut sans révérence.
Vint sur la scene un autre talent , un
grand garçon bien fait , le fouet à la
main : *Vous me convenez assez ,* lui dit
le Seigneur , après avoir examiné sa
taille & sa figure ; *voyez si deux cents
agatines vous conviennent. Deux cents
agatines à moi ,* reprit le Cocher , *pour vous mener brillamment , & pour
former vos Chevaux ? Gardez les pour
ce triste Savant qui endoctrine votre fils.*

Les Frivolites appellent *triste* tout ce qui est *sérieux*. Ils n'oublient rien pour l'égayer. Ils savent qu'il faut lire : mais les livres doivent amuser sans instruire. Les Auteurs du temps montent leur esprit sur ce ton. L'Amiral donna l'aumône à un sot qui avoit fait un excellent livre sur les devoirs d'un Souverain patriote.

Ils ont des Tribunaux de Justice en quantité : le grand Tribunal a son Sanctuaire en commun avec des Vendeuses de Romans & des Marchandes de modes. On voit au rang des Juges une jeunesse fleurie, qui n'a pas encore la libre disposition de son patrimoine. On craindroit qu'elle ne le dissipât en équipages & en soupés fins.

Ici, l'Amiral nous ramene à ses vaisseaux. Un mois s'étoit écoulé, & il en falloit deux autres pour achever le travail, d'autant plus qu'il faisoit construire un navire d'avitaillement, pour remplacer la pinque *Anne*. Mais comment subsister ? & comment acheter les provisions pour l'embarquement ?

l'embarquement ? Les agatines qu'il avoit tirées du trésor, touchoient à leur fin, & il n'avoit plus de rubans. A la vérité il lui restoit des dentelles ; mais il se souvenoit des menaces du grand Contrôleur, dont il craignoit le crédit à la Cour. Il apprit bien dans cette conjoncture à estimer des talents sur lesquels il n'avoit pas compté en quittant l'Angleterre. On lui avoit demandé plusieurs fois des Maîtres à danser, & des leçons de flûte. Ce n'est pas que la danse & les instruments du pays n'eussent leur mérite ; mais tout ce qui étoit nouveau, & sur-tout ce qui avoit prix à la Cour, étoit supérieur. Il avoit résisté aux sollicitations, parce qu'il avoit besoin de tout son monde pour les travaux de l'Escadre ; mais il étoit encore plus nécessaire de vivre, sauf à prolonger le séjour.

Il choisit donc cinquante sujets parmi ceux qui avoient quelque teinture des deux talents ; & après huit jours de répétitions, il les livra à l'utilité publique, & à la subsistance

G

de la Flotte. Qu'on ne s'imagine pas que l'Amiral regarda faire, les bras croisés. Il eut pour éleve, en fait de danse, le fils d'un Général d'Armée. Je voyois venir, dit-il, dans la maison un Maître de Géométrie, & j'avois honte, en donnant beaucoup moins de temps, d'être payé au triple. Calcul fait, le produit des leçons devoit suffire à la nourriture de l'Escadre; & il lui vint une autre ressource pour acheter les provisions de l'embarquement.

L'Empereur s'impatienta un jour sous l'opération de la frisure: un concert l'attendoit. Ce moment d'humeur alarma la Cour. On se rappella la perruque du Capitaine *Mitchel*. Sa Toute Élégance en demanda une à l'illustre Quick. Quick profita de la conjoncture pour remettre son ancien Maître en faveur. Il dit au Monarque que ce qu'il demandoit, étoit un effort du génie Européen; qu'à la vérité lui Quick étoit bon pour l'exécution; mais que pour le plan il falloit le chercher dans la tête de l'Ami-

ral. L'Amiral fut mandé après une inf-
truction fecrette du généreux Quick.
Cependant avant tout, il crut devoir
prévenir le grand Contrôleur des
modes, afin de ne pas s'expofer à fon
reffentiment. *L'Empereur me demande
une perruque*, lui dit-il: « Une per-
» ruque! » repliqua vivement l'Offi-
cier de la Couronne, « favez-vous que
» parmi les nouveautés que je réfervois
» à cette Nation, qui s'amufe & qui
» s'ennuie rapidement de tout, celle-
» là tient le premier rang ? par tous
» les cieux! … il alloit éclater. … »
Mettez-vous à ma place, répondit
doucement l'Amiral : *il s'agit de notre fubfiftance. Je n'ai plus ni rubans,
ni agatines. Il eft vrai qu'il me refte
des dentelles, mais vous m'avez interdit toutes ces reffources.* … « Des
» dentelles, reprit le Contrôleur en
» fe calmant ; eh bien, livrez-moi-
» les, & je vous abandonne la gloire
» & le profit de la perruque. » Il y
avoit long-temps qu'il avoit tenté de
donner des dentelles à la Nation ;
mais n'ayant pas de modele à mon-

G 2

trer, elles étoient encore à naître. Les ouvriers de l'Isle n'ont pas l'esprit créateur : ils enjolivent seulement ce qui est créé. L'Amiral accepta la proposition, & la Perruque Impériale parut le huitieme jour sur la tête du Monarque, qui fonda sur le champ une école d'éleves pour satisfaire à l'empressement du public, du public du bon ton, qui n'osoit plus se montrer en cheveux. Il ne s'en tint pas là.

Nous avons dit que l'Isle Frivole avoisine trois grands États. Il est arrivé plus d'une fois, qu'après de longues guerres elle en a reçu des conditions de paix fort dures. Mais jamais rien n'a pu affoiblir un droit qu'elle s'est acquis sur eux, celui de régler la forme de leurs habits & tout leur ajustement. Le Monarque fit partir trois perruques, c'est-à-dire, trois modeles à suivre pour les trois États ; & le trésor se rouvrit pour l'Amiral, qui poussa ses recherches sur les mœurs des Frivolites. Il n'est point de Nation qui ait des mœurs si élégantes. Il eſt étonnant, ajoute-t-il, qu'en ſi peu d'années ils aient ſurpaſſé les François. Ils auroient peut-être dû s'en tenir aux leçons de leurs Maîtres; mais en fait d'élégance, leur imagination eſt trop vive pour s'arrêter.

Entrez dans un cercle avec un air brillanté & un habit de goût, on vous accueille avec toutes les graces. La compagnie ſentoit qu'il lui manquoit quelque choſe: c'étoit vous. Vous vous trouvez des perfections dont vous ne vous doutiez point.

Les Frivolites, pour vous accorder leur amitié, ne vous demandent pas des vertus, mais des agrémens. On vous ſuppoſe toujours honnête homme; mais prouvez bien que vous êtes joli homme. Avez-vous beſoin de leurs ſervices ? Priez-les, ils vous ſupplient d'ordonner; & vous avez toujours la conſolation de les voir furieux de n'avoir rien fait. L'Amiral comptoit ſur un Protecteur qui l'avoit comblé de belles paroles; il y eut recours. *Voilà tout ce que je puis pour vous*, dit l'Important en tirant son flacon : ce flacon étoit plein d'une eau qui se distille & se bénit à la Cour. Tout le monde poli se pique d'en avoir, sur-tout les Grands, & ils en distribuent libéralement à qui en veut.

Les Grands ne se ressemblent pas par-tout. Un homme à qui bien des gens viennent souhaiter le bon jour, & qui ne le souhaite à personne ; qui voit beaucoup d'étoffes & de bijoux dans sa matinée ; qui fait répéter aux glaces des magots de grand prix ; qui a quantité de chiens & de chevaux ; qui fait de grands repas dans un sallon bien verni, & qu'on applaudit toujours ; cet homme est appellé grand chez les Frivolites, & on lui doit de grands respects, de la politesse aux autres.

Elle est l'ame des Frivolites, la politesse. Il vaudroit mieux avoir trahi son ami, que d'estropier un compliment. Un homme vraiment poli a un bonnet pour ne jamais se couvrir ; il dessine bien une révérence, & n'appelle pas fa femme, *ma femme*. S'il ne faifoit pas tout cela, il auroit beau être liant, atten-tif, complaifant; il ne feroit pas poli. Pour l'être, il faut encore ob-ferver fcrupuleufement tous les titres. Ils ne difent pas feulement, en par-lant de l'Empereur, Sa Toute Elé-gance a ouvert le Bal : c'eft égale-ment Sa Toute Élégance qui *éternue*. Un infolent s'avifa de dire à un Mi-niftre : *Vous êtes un fot*. Tout le monde fut indigné de ce qu'il n'avoit pas dit, *votre éclatante lumiere eft une forte*.

Ils obfervent les décences avec au-tant de rigueur. Un homme en place, qui vole en grand, eft en grande confidération ; fi avant fa fortune il eût pris quelques agatines fur un che-min, on auroit puni l'indécence. Une beauté pardonne tout à un témé-raire, hors les expreffions peu déli-cates. Un mari ne prétend pas gêner le cœur de fa femme ; mais il écla-teroit fi fes amufements n'étoient pas décents. A l'arrivée de l'Amiral, on formoit un établissement où le sexe subalterne pourroit perdre sa vertu avec décence.

Chez les Frivolites, comme en Europe, on parle beaucoup *mérite*. Il faut des hafards finguliers pour en tirer parti ; mais c'eft un point bien décidé, qu'il eft plus avantageux d'être goûté. Ceux qui le font, ne favent à quoi ils le doivent, au tour de leur vifage, à leur maintien, ou à leur façon de rire. Parmi les fujets qui réuffiffent, l'un fe met bien, celui-là eft beau Joueur, l'autre conte joliment. On ne feroit point furpris de voir un Courtifan difgracié, parce qu'il auroit l'air gauche.

Il n'en eft pas de l'honneur comme du mérite. Il en faut abfolument, & ils en mettent par-tout. Ils n'ont pas le plaifir, mais l'honneur de vous voir, de vous parler, de vous fervir, & de ramper fous les titres. Ils ont pour les Pupilles des Tuteurs d'honneur ; dans les Tribunaux, des Confeillers d'honneur : dans les Hôpitaux, des Économes d'honneur ; & toutes

les femmes attachées à la Cour font
Dames d'honneur.   Les Profeſſions
élevées rougiroient de faire payer leur
travail au Public ; mais elles acceptent
de grands *honoraires*.   La Nobleſſe
ſur-tout excelle en honneur.   Un Noble Frivolite qui aura eu le malheur
d'être mauvais mari ,   mauvais pere ,
citoyen inutile ,   ſe reſſouvient toujours de l'honneur pour le recomman-
der à ſon fils ;   & le fils comme le
pere , a grand ſoin de ne tenir que
ſa parole d'honneur , de ne payer
que ſes dettes d'honneur , & de tuer
quelquefois par honneur. Les femmes
ont leur honneur à part.   Elles ont de
ſi grands principes pour le conſerver ,
qu'on les a encore rendues dépoſi-
taires de celui de leurs maris. Cependant les femmes du haut ſtyle ont
refuſé le dépôt , parce qu'elles ſont
ſujettes à des vapeurs qui leur donnent des diſtractions.

L'honneur fait les guerriers : c'eſt
la Capitale qui fournit les Officiers
Généraux ; on y prend un ſoin tout
particulier de leur éducation. Un

jeune Seigneur que l'on déstine au commandement, doit avoir le meilleur Tailleur, le Parfumeur le plus exquis, l'équipage le plus brillant, la livrée la plus leste ; il doit jouer beaucoup, danser souvent, être à tous les spectacles, & imaginer quelque chose sur l'habillement de la premiere troupe qu'on lui confie.

Cette élégance de mœurs si répandue dans le beau monde, a passé au peuple. Un Marchand mêle à son commerce des manieres, des propos, des graces qui séduisent les bourses. L'Artisan s'est poli avec ses ouvrages. Le Domestique fait qu'on le prend bien moins pour le service utile, que pour le service brillant ; il s'y ajuste : & lorsque du derriere du carrosse il passera dedans, il ne sera pas déplacé. Il faut être bien familier avec les visages pour ne pas se méprendre entre la femme qui sert, & la maîtresse qui est servie. Les Arts d'agrément, la Danse, la Musique, la Parure sont descendus à tous les étages. Encore quelques nuances,

& il ne manquera au peuple, pour être bonne compagnie, que de pouvoir dire, *mes Gens, mon Hôtel, mes Terres, mes Aïeux.*

Les Frivolites ont porté cette élégance de mœurs jusqu'au sein de la Religion. La bonne compagnie va quelquefois dans les Temples pour passer le temps. Elle s'y occupe à se saluer, à se regarder, à décider les visages & les étoffes jusqu'au moment de l'instruction. Le Chapelain Richard Walther dit qu'il y amusa ses yeux & ses oreilles. L'Instructeur débita par un compliment au Grand-Prêtre de la Capitale, & des révérences à l'Assemblée. Après quoi il prononça un discours très-fleuri sur des vertus si déliées, qu'elles ne donnoient aucune prise. Ils adorent le Soleil ; ils voudroient bien l'aimer, mais la façon les embarrasse. Lui doivent-ils de l'amour *à cause qu'il les échauffe & les éclaire, ou parce qu'il est chaud & lumineux en lui-même ?* C'est une dispute de cent ans. Ils ont proscrit la Polygamie, parce qu'il

G 6

n'y a qu'un Soleil & qu'une Lune ; mais un mari fait bien qu'il doit tâcher de plaire à plufieurs femmes, & les femmes auroient un air bien fauvage, fi elles s'en fâchoient. Un dogme capital de leur Religion, c'eft de condamner toutes les autres. Cependant Richard Walther fe laiffa faifir à l'efprit de converfion : il entreprit celle d'une beauté de la Cour, qui avoit quelquefois des caprices de vertu, & qui par un air de Philofophie, mêlé aux graces, donnoit le ton aux beaux cercles. Il y avoit fur-tout deux obftacles à vaincre : il falloit la défabufer fur la divinité du Soleil ; il y réuffit : la détacher de dix Amants à qui elle étoit fidelle ; il en vint à bout. Que vous allez être heureufe, s'écria-t-il ! Arrachez donc vîte ce *Zirphos* qui vous dévoue à l'erreur. C'étoit l'image du Soleil, qui fut autrefois un figne de Religion, mais que l'efprit de la Nation a tourné en ornement galant. *Que dis-tu, malheureux !* reprit la Catéchifée ; *mon Zirphos ! l'éclat de ma parure ; tu m'arracherois plutôt mon existence.* Dès ce moment tout fut dit, rien ne se fit.

Au reste, leur conversation est aussi élégante que leurs mœurs : elle ressemble à leurs boutiques de Modes. C'est une broderie sur de jolis riens, une garniture d'équivoques, une bigarrure de questions qui n'attendent pas les réponses, un assortiment de plaisanteries dont on rit toujours par provision, sauf à chercher après de quoi on a ri. Je ne pouvois m'empêcher moi-même, dit l'Amiral, de sourire à leurs gentillesses toujours vives & légeres, parce qu'ils ne promenent leurs idées que sur les surfaces.

Si les mœurs des Frivolites sont si élégantes, la nature, ajoute-t-il, leur a donné des sensations à part. La beauté a des droits par-tout ; mais dans la Ville de l'Esprit elle tourne toutes les têtes. C'est une Comete qu'on observe, qu'on suit dans tous ses mouvements, qu'on intercepte dans sa course ; on ne voit qu'elle, on ne parle que d'elle.

Il est de petits sieges à la Cour fort peu commodes, & très-goûtés : on a vu manquer de grands mariages, parce que l'épouse n'auroit pas le plaisir de s'y asseoir.

Ils aiment l'apparence des richesses, plutôt que les richesses. Qu'après avoir sondé leur bourse, ils n'y trouvent pas de quoi prêter à un ami, il s'en consolent en lui montrant un meuble de goût.

Ils ne demandent pas si l'année sera abondante, si le commerce s'étend, s'il y a de grands Magistrats, de grands Ministres : ils courent à une nouvelle garniture de cheminée, ils soupirent après un ballet.

Ils mettent toute leur Ville en fête pour une victoire qui les ruine, & ils ne donnent pas un signe de joie pour une bonne Loi qu'on propose. Ils aiment passionnément leur Souverain ; ils l'admirent encore plus. Ils comptent ses Gardes, ses Officiers, ses Équipages, ses Châteaux, les diamants de sa Couronne, & jamais ses bienfaits. Si on leur disoit qu'il est une Cour plus sage dans ses vues, plus profonde dans sa politique, ils écouteroient froidement ; mais si on ajoutoit qu'il en est une plus brillante, il faudroit se couper la gorge avec eux. On ne les entend jamais dire qu'ils servent l'État ; mais ils répetent sans cesse, que leur fortune, leur vie, leur être, tout est à l'Empereur. Un Citoyen qui diroit bien sérieusement, *qu'il est beau de mourir pour la Patrie*, se donneroit un ridicule.

Le ridicule les amuse toujours supérieurement. Arriva l'Ambassadeur d'une Nation voisine, l'une de celles qui avoient reçu les perruques. Il demandoit aux Frivolites de renoncer à une branche de leur Commerce, ou de se résoudre à la guerre. Ce fut un grand bonheur pour lui & pour la Nation qui l'envoyoit, d'avoir un nez trop long, & une perruque qui le coëffoit mal. On saisit ces deux ridicules, on s'en entretint beaucoup, on en rit encore plus, & dans l'accès de cette belle humeur, on le renvoya content.

Quelquefois leurs fenfations font fi fortes, qu'elles troublent le repos public; l'Amiral en fut témoin. Un Miniftre du Soleil fut accufé d'avoir féduit une vierge par la magie. On n'y croyoit plus, la moitié de l'Ifle y crut. Tout prit parti pour ou contre. On eût dit que le falut de l'État étoit attaché à la virginité de cette fille, & à la continence du Miniftre. Peu de temps après, une Actrice qui plaifoit, difparut du théatre ; mille cris la redemanderent : les hommes juroient de quitter leurs Emplois, & les femmes de ne pas revoir leurs maris, qu'on ne l'eût rendue. Cependant les révolutions y font peu à craindre. Une fantaifie d'agrément qu'on imagine à propos, une chanfon nouvelle peut les appaifer.

Dès qu'on connoît les fenfations & les mœurs des Frivolites, on ne doit plus être furpris de certains ufages. C'en eft un de s'aimer beaucoup au commencement de chaque année. On fe cherche, on fe complimente, on fe fait des préfents. Ce feroit la Ville du monde la plus commerçante, si la passion des étrennes duroit toujours.

Une femme le jour de ses noces suspend sa dot à son col & à ses oreilles; & le mari meuble la maison supérieurement en vendant une Terre.

On voit dans les antichambres & derriere les carrosses un choix de la jeunesse de l'Isle, qui ruine magnifiquement ses maîtres. Les Provinces regrettent deux cents mille artisans ou laboureurs: qu'en feroient-elles si on les leur renvoyoit avec les mœurs élégantes de la Capitale?

Il y a une Noblesse pauvre: c'est un usage qu'elle le soit toujours: le Commerce pourroit l'enrichir, mais il la deshonoreroit.

L'ordre des Juges est fort nombreux. Un aspirant est examiné bien férieusement. La premiere question qu'on lui fait, c'est sur le nombre des agatines qu'il possede: s'il répond bien à celle-là, il est sûr de satisfaire à toutes les autres. C'est un usage de se faire juger dans plusieurs Tribunaux fur la même affaire. Il faut la commencer dans fa jeuneſſe, ſi on veut en voir la fin. *Je plaignis beaucoup*, dit l'Amiral, *un malheureux qui venoit de gagner un procès*. Il s'agiſſoit d'un champ, mais le champ ne ſuffiſoit pas pour payer l'homme de loi qui avoit inſtruit l'affaire. Ses pieces d'écriture auroient couvert le champ d'or : il eſt décidé qu'un pied quarré d'écritures contentieuſes vaut plus qu'un pied quarré de terre. Souvent la fortune d'un particulier dépend de la couleur du papier qui contient ſon titre : il ſeroit nul s'il n'étoit pas couché ſur un papier couleur de lilas.

La Religion a plus de Miniſtres qu'on ne voit de Marchands à la Bourſe de Londres. La plupart ſont fort jeunes, afin de ne pas effrayer les profanes qui viennent demander des conſeils de ſageſſe. La leur eſt renfermée dans un cercle bien déterminé. Qu'ils ſoient fideles à la forme de leurs vêtements & à la meſure de leurs cheveux, qu'ils chantent des hymnes au Soleil aux heures marquées, & sur-tout qu'ils proteftent toujours qu'une belle femme n'eft pas aimable, ils peuvent fuivre leur goût dans tout le refte.

Il en eft parmi eux qui font environnés de l'éclat des richeffes : ils n'en font pas de cas ; mais ils craindroient de tomber dans le mépris de la Nation, s'ils ne décoroient pas leurs vertus. On compte plus de deux mille Temples, où l'on a prodigué les autels & les petits ornements. On voit fouvent l'autel du Soleil abandonné, tandis que ceux des planetes & des conftellations font entourés d'adorateurs.

C'eft dommage que l'Amiral n'ait pas eu plus de temps à perdre dans l'Ifle ; nous aurions eu une anatomie plus exacte de cette Nation finguliere. Le travail de l'Efcadre s'achevoit, les vaiffeaux étoient radoubés, le navire d'avitaillement fini, les provifions embarquées ; on n'attendoit que le vent pour mettre à la voile, & il étoit temps. L'Amiral, pendant fa longue & terrible navigation, avoit travaillé sans cesse à élever l'ame de son Escadre : les mots *de Patrie*, *de liberté*, *de grandeur Angloise*, *d'immortalité*, à force de frapper les oreilles, avoient passé dans les cœurs. Il n'y avoit pas un soldat, pas un matelot qui ne se regardât comme environné de la Chambre des Communes, & qui ne crût voir les yeux de l'Angleterre tournés sur lui.

Telle étoit la situation des ames lorsqu'ils entrerent dans l'Isle ; mais leur commerce avec une Nation si fleurie, & peut-être les aliments qui travailloient sur leur constitution, les avoient bien changé. Ils n'étoient plus d'humeur à chercher des dangers ou des ennemis, à vivre dans la peine ou à mépriser la vie ; & ils commençoient à rire avec les Frivolités de toutes ces vertus mâles qui fondent, augmentent & perpétuent les États libres. L'Amiral ne s'en appercevoit que trop, & il pressoit l'embarquement. Il eut son audience de congé. L'Empereur ne consentit au départ qu'à une condition, qu'il laisseroit dans l'Isle quatre hommes au choix de Sa Toute Élégance. L'Amiral frémit mal-à-propos ; mais on craint toujours pour ce qu'on veut le plus conserver. Il appréhendoit que le choix ne tombât sur les Capitaines ou les Pilotes : il fut bientôt rassuré. Les élus furent les trois Friseurs, qui poussoient vivement l'honneur de la perruque & les chignons de toute espece. Le quatrieme fut un soldat Méchanicien, qui alloit à l'immortalité par une invention admirable : *un équipage d'été*, où des soufflets intérieurs enfantoient des zéphirs toujours rafraîchissants.

Cependant le vent favorable se faisoit encore attendre ; & en l'attendant, l'Escadre désœuvrée parcourut les environs de la Capitale. Quelques Matelots s'écarterent sur une chaîne de montagnes, où les terres étoient brûlées, sans arbres, sans herbes, semées de pierres crystallisées & de marcassites, où les veines d'or paroissoient. L'Amiral averti s'y transf-

porta avec ſes experts en mines. Il
examina le commencement, la fin &
la qualité des marcaſſites; il fit
fouiller en pluſieurs endroits; il prit
la poſition juſte du terrein, & revint
à l'Eſcadre. La joie s'y étoit répandue, toutes les imaginations étoient
au fond de la mine: on y trouvoit
des tréſors immenſes, on eſtimoit
déja le temps pour les tirer: le ſéjour
dans cette Iſle délicieuſe en devien-
droit plus long; ſavoit-on même ſi
on la quitteroit? ou s'il falloit enfin
partir, on partiroit du moins chargé
de richeſſes que les Inſulaires ne diſ-
puteroient point, n'en connoiſſant
pas le prix. Ce n'étoit pas là l'idée de
l'Amiral; il impoſa ſilence ſur la
mine: & c'eſt dans ce moment qu'il
fit jurer de ne pas révéler l'Iſle Frivole, après avoir défendu, ſous peine
de la vie, de quitter le bord.

Jamais les délices de l'Iſle ne ſe
peignirent à nos marins ſi vivement.
La conſternation fut générale; elle
n'avoit pas été ſi grande dans les horreurs des tempêtes. Il y eut même,

pour la premiere fois, des plaintes & des murmures. Mais l'Amiral, outre la force du commandement, avoit cette autorité naturelle que donnent les grandes vertus : il se flattoit bien, dès qu'il auroit remis en mer, de rendre à ces ames affoiblies leur premiere vigueur. Le lendemain un vent d'Ouest souffla. Il mit à la voile pour aller prendre *Payta*, ville du Pérou, où les Espagnols se croyoient bien en sureté. On peut lire dans l'Histoire de son voyage le reste de ses expéditions, qui ne sont pas de mon sujet.

Mais je demande permission de réfléchir à la hâte. Un accès de citoyen me saisit. Cela arrive assez naturellement en parlant de l'esprit Anglois. L'Amiral Anson découvre dans un climat une Nation facile à soumettre, & des mines d'or ; il exige un serment de silence, il en fait un secret d'État. Ne projette-t-il point de faire un jour cette conquête ? Et pourquoi ne la tenterions-nous pas ? Laisserons-nous toujours aux Puissances maritimes le soin de découvrir

& de conquérir ? Ne sommes-nous pas aussi maritimes qu'elles, puisque nous touchons la Méditerranée d'une main, & l'Océan de l'autre ? Prévenons les Anglois : ou si la justice nous empêche d'envahir, ne pouvons-nous pas du moins établir un commerce légitime & très-avantageux avec l'Isle Frivole ? L'Amiral convient qu'elle ne met pas encore dans son luxe le goût qui regne à Londres ; mais le goût de Londres vaut-il les enchantements de Paris ? Quelle avidité n'auroient pas les Frivolites pour *nos peintures des Gobelins, nos vernis de Martin, nos bijoux émaillés, nos épées damasquinées, nos étoffes de Lyon*, & tout ce monde d'ajustements qui distingue nos hommes, & qui donne le prix à nos femmes ? Ne sommes-nous pas les vrais faiseurs & les fournisseurs de l'Europe ? Savons-nous même si nos Romans, nos Comédies & nos Opéras, qui se multiplient avec tant de succès, n'y formeroient pas encore une branche de Commerce ? Rassurons pourtant les

deux

deux fexes. Nous ne porterions à ces Amériquains que le fuperflu de notre fuperflu , & nous rapporterions leur or , dont ils fe paffent fort bien.

LETTRE

A UNE DAME ANGLOISE.

Madame,

Si vous étiez née à Paris , l'éducation vous auroit fauvé bien des ridicules que vous avez apportés de Londres. N'en euffiez-vous qu'un , on riroit ; & il eft humiliant de faire rire. Mais moi, qui n'en ris pas , j'ofe vous en parler. Après cela , me conferverez-vous votre amitié ? Vous feriez encore Angloife , & mon but eft de vous rendre Françoife. Ce n'eft pas affez de l'être par le nœud conjugal , il faut le devenir par principes. Connoiffez l'aimable Nation qui vous adopte ; elle vous paffera des vices ,

H

jamais des ridicules. Vous en montrez chez vous, vous en portez dans les cercles, vous en promenez dans le Public.

Vous en montrez chez vous : il y a six mois que le Sacrement vous lie, & vous aimez encore votre mari ! Votre Marchande de Modes a le même foible pour le sien ; mais vous êtes *Marquise*.

Garderez-vous long-temps cet air de réserve, si déplacé dans le mariage, & qu'on ne pardonne qu'aux Aspirantes ? Un Cavalier vous trouve belle, vous rougissez. Ouvrez les yeux. Ici, les Dames ne rougissent qu'au pinceau.

Pourquoi cet oubli de vous-même lorsque votre mari est absent ? Revient-il ? Vous vous parez. Je vous croyois bien jeune, & vous êtes bien vieille. Vous remontez au temps des Patriarches. Empruntez le Code de la Parure moderne, vous y lirez qu'on se pare pour un Amant, pour le Public, ou pour soi-même.

Si je voulois, Madame, je vous

perdrois de réputation fur votre vie du matin. On vous trouve levée à huit heures ; fi vous fortiez du Bal, vous feriez dans la regle. Et que faites-vous ? Vous êtes en conférence avec votre Cuifinier & votre Maître-d'Hôtel. Apprenez que c'eft au mari à compter, à payer, quoique ce foit toujours chez *Madame* qu'on foupe. Que faites-vous encore ? Vous écrivez à des amis auffi froids que leur patrie, qui n'ont que des mœurs, de la liberté & du bon fens. Que fais-je ! Vous lifez la Morale & l'Hiftoire, tandis que les plumes Françoifes enfantent chaque jour des volumes d'efprit. Que de bonnes plaifanteries, fi on favoit tout cela !

Enfin, il vous fouvient que vous avez une toilette à faire ; mais que vous en connoiffez peu l'importance, l'ordre & les devoirs ! Vous n'avez que 18. ans, & vous y êtes fans hommes ! On y voit deux femmes que vous ne grondez jamais. La premiere garniture qu'on vous préfente, eft précifément celle qui vous convient. La robe que vous avez demandée , vous la prenez effectivement. Vos femmes sont étonnées d'employer plus de temps à s'ajuster elles-mêmes, qu'à parer leur maîtresse. Je vous avertis qu'elles soupçonnent votre condition. Mais qui croiroit que l'une des deux , vous la tenez de la main de votre mari , après avoir renvoyé cette miraculeuse qui fut formée à la Cour ?

Le dîné sonne , & vous voilà dans la salle de compagnie lorsque la cloche parle encore. N'y avoit-il plus de rubans à placer pour vous faire attendre ? Mais quelle est notre surprise! Votre Maitre d'Hôtel vient annoncer à *Monsieur* qu'il est servi , & je sais que c'est vous qui lui avez prescrit ce mauvais ton. Ailleurs c'est toujours *Madame* qui est servie : on se met à table , (j'en ris encore , mais c'est d'un rire amer) vous bénissez les mets ! Nous nous crumes chez le Curé de la Paroisse , qui , peut-être, nous auroit quitté des *Graces* , ce que vous ne fites pas.

Après la table vous voulutes pouſ-
ſer la converſation. Songez que vous
êtes à Paris. L'ennui appella bientôt
le jeu : je vous vis bâiller , & c'étoit
la *Comete*, un jeu de la Cour ! A propos, il m'eſt revenu qu'on la jouoit
depuis quatre jours, lorſque vous demandates ce que c'étoit. Une Bourgeoiſe *du Marais* fit la même queſtion le même jour.

La premiere partie en demandoit
d'autres : on ne vit qu'au jeu. On
étala pour intermede les ſacs à ouvrage. Qu'eſt-ce qui ſortit du vôtre ?
Des manchettes pour votre mari !
Sera-ce donc en vain que la France
aura inventé les *Nœuds* , pour diſtinguer les mains de condition des mains
roturieres ?

La belle occaſion que vous eutes en
ce moment d'enrichir votre parure !
Ces diamants qui ſe trouverent au
fond de votre ſac : mais de quelle
eau ? Et bien ſupérieurs à ceux que
vous avez ! C'étoit un tour de votre
mari. Qu'il fut mal placé ! Vous ad-
mirez ſa magnificence , & plus ſen-

fible à fon attention qu'aux pierreries, vous les lui rendez, vous voulez qu'il en deftine le prix à payer un Marchand à qui il faifoit l'honneur de devoir: c'eft être bien peuple de s'inquiéter fur fes dettes; elles annoncent, elles confirment la grandeur. Il y a à parier qu'un débiteur de deux millions eft plus grand Seigneur d'une moitié en fus, que celui qui n'en doit qu'un.

En vérité, Madame, un ami ne peut plus mettre le pied chez vous. Il faut rougir pour vous dès le premier pas : on voit votre Cocher confondu avec des Palefreniers, panfer vos chevaux. Votre antichambre fait pitié. Des Laquais qui s'occupent en attendant vos ordres, qui fe croient à *Monfieur* comme à *Madame*, qui imaginent qu'ils ne font en maifon que pour travailler, qui ont un air refpectueux pour un honnête homme qui arrive à pied, qui tirent une montre d'argent, fi on demande l'heure ; des Laquais fans figure, & qui font de trois grands pouces au deffous de la taille requife. Madame, des gens de cette trempe ne font bons qu'à la charrue ou chez un Commis. Auffi font-ils le jouet éternel des gens de *Monfieur*. Mais plût au Ciel vos ridicules fuffent-ils bornés aux murs de votre Hôtel !

Vous en portez dans les cercles ; vous y entrez avec les couleurs de la nature fur le vifage. Ainfi fe prefente la femme du Suiffe qui vous a ouvert la porte : repaffez la mer, fi vous voulez paroître telle que vous êtes.

Il y a fix Dames dans le cercle, vous n'en baifez qu'une ; & pourquoi ? Parce que vous n'êtes liée qu'avec une. Mais vous connoiffez les autres, puifque vous les voyez pour la feconde fois. Cela ne fuffit-il pas pour être toute à elles, & mettre votre cœur fur leurs levres ?

Vous vous placez fans avoir dit aux glaces que vous êtes à faire peur, que vous êtes faite comme une folle. Ce fera pourtant le début de la premiere Ducheffe qui entrera : tâchez de vous former fur les grands modeles. Défaites-vous de cette maxime gothique, qu'on ne doit parler de foi, ni en bien ni en mal. Il y a un art à se mettre sur le tapis.

Il y en a encore plus à converser légérement. Que de jolies choses, que de réflexions utiles n'entendez-vous pas sur les robes de la saison, les rubans, les chignons, & la façon de se mettre ! Comment ce flux d'éloquence ne donne-t-il pas du ressort à votre langue ? Vous êtes muette ! vous ne savez pas même rire ! Cet homme à la mode, qui voltigeoit d'une beauté à l'autre, qui semoit la belle humeur par cent propos délicieux, qu'on applaudissoit même avant qu'il eût parlé, put-il vous arracher un signe de joie ? Quelle léthargie !

Vous ne vous éveillates qu'à la nouvelle que débita ce vieux Militaire pour payer son entrée. Vous la saisites, vous citates un trait d'Histoire tout semblable. Vous parlates politique & gouvernement. Savez-vous ce qui fut dit lorsque vous eutes levé

le siege ? qu'il falloit vous faire Ministre ou Historiographe du Roi.
Vous voulez penser dans un pays où
il n'est question que de parler.

J'entendis hier une Duchesse de
Finance, qui louoit beaucoup votre
simplicité. Vous aviez soupé chez
elle : on servit un plat de légume
dans la primeur, qui ne coûtoit que
cent francs. Vous crutes qu'on parloit du plat, non de légume. Elle
rioit encore en me demandant par
quel carrosse de voiture vous aviez
débarqué, & si vous souhaitiez qu'elle
vous envoyât son Orfevre.

La bonne figure que vous fites derniérement chez la petite Comtesse!
on y proposa une partie au Bois de
Boulogne. Vous demandates à votre
mari s'il en seroit. Il fait son monde,
il refusa : c'étoit une raison de plus
pour aller ; vous rompites. Le singulier dans votre procédé, c'est que
vous comptiez lui plaire : & c'est là
votre but du matin au soir. Entre
nous, Madame, n'êtes vous point
une *Paméla*, qu'un coup de fortune

a élevée ? Il est de regle qu'en certaines conditions un mari doit se repentir, du moins une fois le jour, d'avoir une femme. Le vôtre ne se plaint que d'être trop aimé. Ses amis craignent fort qu'enfin vous ne le gâtiez. Il commence à trouver moins belle cette Danseuse qui lui a donné la préférence sur vingt rivaux, dont la bourse était moins pleine. On sait, quoiqu'il n'en convienne pas, qu'il vous a menée en tête à tête à sa campagne. Sa derniere voiture ne lui coûte que dix mille francs, & il est presque résolu à se détacher de son Coureur. Pour Dieu, Madame, ne lui donnez pas vos ridicules, qui se multiplient sous ma plume ; j'en oublierai.

N'est-ce pas assez d'en montrer chez vous ? N'est-ce pas trop d'en porter dans les cercles ? Faut-il encore les exposer au grand jour, en les promenant dans le Public ?

Vous allez aux Tuileries les jours d'Opéra, & au Palais Royal les autres jours. Vous faites pis. On vous y voit le matin. Mais quelles figures y voyez-vous ? Des femmes fans pré-tention, des Politiques à qui tout lieu eft égal pour humilier nos ennemis, des Philofophes qui veulent refpirer. Ne fentez-vous pas que vous êtes dé-placée ? On croiroit que vous ne cherchez la promenade que pour vous bien porter ! Mais lorfque vous y paroiffez aux jours marqués & aux heures décentes, comment êtes-vous mife ? Vous n'étalez que pour cent mille francs de pierreries, & l'aune de vos dentelles eft à cinquante écus. Abjurez cette maxime d'outre mer, qu'en fait d'habillement on doit être d'un degré au deffous de fon état. Je vous l'ai déja dit. Vous voulez toujours penfer ; c'eft un vice de terroir. Si on bornoit le luxe, les Maifons & les Empires fubfifteroient trop long-temps. On s'ennuie à voir toujours les mêmes chofes.

Dans quel travers alliez-vous don-ner l'autre jour ! les chevaux étoient mis pour vous mener au fpectacle. Vous comptiez fur votre mari, un mari François ! Vouliez-vous donner la comédie à la comédie même ? Il s'étoit dérobé pour sa petite maison, où vous avez enfin appris qu'il ne falloit pas le troubler. Quelle peine n'a-t-on pas eu à vous faire comprendre qu'une femme qui veut prendre l'air dans une petite maison, ne doit pas choisir celle de son mari ?

Vous devriez du moins ne pas apprêter à rire où l'on ne rit jamais. Que faisiez-vous Dimanche dernier dans votre Paroisse à dix heures du matin ? Déja habillée ! Et, qui le croira ? sans *sac !* Est-ce ainsi ? est-ce à dix heures ? est-ce dans sa Paroisse qu'une femme de condition entend la Messe ? Est-il bien vrai que vous assistez aux Vêpres ? Le Marquis D *** vous en accuse, en disant que vous faites ridiculement votre salut. On pourroit vous passer quelques Sermons, mais jamais ceux qui convertissent : une jolie femme est faite pour les jolis Sermons ; ils s'annoncent assez par l'affluence des équipages, & le prix des chaises. Il est ignoble de

s'édifier pour deux fols.   Au premier
Carême penfez à la dévotion de la
derniere femaine. C'eft dans une ca-
leche peinte aux Gobelins , c'eft fur
la route de *Longchamps* que vous de-
vez nourrir votre piété.

Il ne fuffit pas , Madame , d'éviter les ridicules ; il faut des graces.
Celles que la nature vous a données ,
ne valent pas celles de l'art.   Il y a
des graces d'ajuftement. Vos robes
font de goût : mais les garnitures ne
font pas de la *Duchapt.* Votre pa-
nier dans fon diametre eft tronqué
d'un pied , & il n'eft pas de la bonne
Faifeufe. Vos diamants font beaux ;
mais ils ne font pas montés par *Lem-*
pereur. Tout cela faute aux yeux.
D'ailleurs il s'en faut deux pouces
que vos girandoles ne defcendent affez bas : fi vous pouviez fufpendre un
luftre à chaque oreille , vous feriez
au parfait. On vous a vue à l'Opéra
coëffée en *Comete* , lorfque depuis
deux jours on étoit en *Rhinocéros.*

Il y a des graces qui , par un heureux artifice , s'incorporent avec la

perſonne. Les unes ſe voient , les autres ſe ſentent. Il eſt établi que votre ſexe doit prendre au nez comme aux yeux. Il y a plus : les odeurs aſſurent votre rang. Qu'on me mene dans un cercle les yeux fermés , ſuis-je en bonne compagnie , le nez me l'annonce. Aux odeurs ajoutez le vernis. Oui , Madame , travaillez enfin ſur votre teint. Vous avez cru que ce vernis étoit fait pour cacher des rides ou des difformités ; déſabuſez-vous. Quand l'âge vous aura enlaidie , on vous permettra de vous montrer au naturel.

Il y a des graces de langage. Vous avez fait des progrès dans notre langue , & vous les ſuivez en liſant *la Bruyere , Racine , Monteſquieu & Fontenelle*. Ils vous apprendront bien à rendre vos idées avec ordre , clarté & juſteſſe ; mais ils ne vous donneront pas ces expreſſions brillantes qui diſtinguent le grand monde. Par exemple , d'une choſe qui a une bonté commune , vous dites ſimplement , qu'elle eſt bonne ; une importante diroit : *c'est miraculeux ! c'est divin.* Etes-vous un peu fatiguée ? Il faut être *excédée, anéantie.* Un coup de vent a-t-il dérangé une boucle de vos cheveux ? ne vous fâchez pas, soyez *furieuse ;* vous manquez jusques dans l'alphabet : au sortir du dernier Opéra, vous dites, *à la maison ;* tandis qu'à vos côtés la femme d'un Traitant crioit, *à l'Hôtel.* N'attendez pas que je vous fasse un dictionnaire dans une Lettre. Étudiez les femmes qui ont les plus belles aigrettes, & les hommes à talons rouges.

Il y a des graces de caprice. Vous avez demandé vos chevaux pour les six heures, & à six heures on vous voit en carrosse. Le jeu que vous avez proposé, vous le jouez effectivement. La personne que vous reçutes si bien hier, vous l'accueillez encore aujourd'hui. Vous êtes toujours vous-même. Cela est du dernier uni.

Il y a des graces à se plaindre du mal que l'on sent. Vous deviendrez mere. N'allez pas imiter, en portant le fruit de votre mariage, cette Com-

teſſe ſinguliere que vous louez tant,
qui marche, qui agit, qui eſt de
tout. Il eſt vrai que cette pitoyable
conduite lui réuſſit, que ſon dernier enfant eſt le ſixieme qu'elle a
amené à bien. Mais on rit de la mere,
& la Faculté la condamne. Voulez-
vous bien être, ſoyez ſur la chaiſe
longue dès le premier ſoupçon juſqu'au terme, & toujours en vous
plaignant.

Il y a même des graces à ſe plaindre du mal qu'on ne ſent pas. Vous
paſſez vos jours ſans migraine. On
peut vous le pardonner. Mais ſans
vapeurs ! c'eſt abuſer, en femme de
la Halle, de la permiſſion de ſe bien
porter.

Il y a des graces à s'effrayer ; mais
ce n'eſt pas de la façon dont vous
vous y prites l'autre jour. On vient
vous parler à l'oreille ; l'inquiétude eſt
dans vos yeux, vous quittez bruſquement le cercle. On crut que votre
chien s'étoit caſſé la jambe. On vous
plaignoit, on s'effrayoit pour vous.
Point du tout, c'étoit votre Cocher

qui étoit moulu d'une chûte. Ne
favez-vous pas jeter un cri au moindre
cahot qui menace votre voiture ? Devez-vous être auffi tranquille qu'une
de vos femmes ? Ce taureau qui venoit à vous dans votre campagne,
vous paffates à côté de lui avec l'af-
furance d'un Concierge ! Il ne faut
pas même attendre les grandes occafions pour s'effrayer. Choififfez quelque bête d'averfion qui puiffe vous
fervir en tout temps & en tout lieu,
une fouris, une araignée, une mouche :
fi on ne les voit pas, on peut les foup-
çonner. L'aventure du bateau que le
hazard nous offrit fur ce beau canal,
montra encore votre mauvaife éducation. De toutes les Dames, pas une
qui ne difputât l'embarquement, qui
ne criât en cédant ; & vous, vous
les encouragiez. La Bateliere demanda fi vous n'étiez pas quelque
bonne Bourgeoife des environs. Le
tonnerre qui gronda l'après-midi,
acheva de vous peindre. La Préfi-
dente chercha un afyle entre quatre
rideaux, la Marquife avec fes cris

faifoit paroli aux éclairs, le Chevalier rapprenoit à faire des fignes de Croix ; il n'y eut que vous & votre Jardiniere que le fang froid n'abandonna pas.

Enfin, Madame, (car je me laffe de vous détailler) vous trouvez le fecret d'être fans graces au milieu d'une Ville qui eft faite pour en donner. Et avec du bon fens, des fentiments & des principes, vous êtes chargée de ridicules.

Je prévois vos objections. La meilleure ici eft de n'en point faire. Ne convenez-vous pas d'un principe, que la France eft le modele des autres Pays ? Si vous en doutiez, la Nation en corps vous le diroit ; & fans être affemblée, ne vous le dit-elle pas tous les jours ? Qui peut mieux nous connoître que nous-mêmes ? Mais n'avons-nous pas auffi le fuffrage des Étrangers que nous enrichiffons de nos modes, de nos révérences & de notre cuifine, qui ont fêté nos *Pantins*, qui adoptent nos équipages, nos pompons & nos perruques ? Et ne voyez-vous pas qu'ils viennent en foule se former chez nous ? Allons-nous chez eux ? Partez de ce principe, & corrigez-vous.

RÉPONSE.

JE n'aurois jamais soupçonné, Monsieur, que je serois redevable en France à une personne de votre caractere, de me faire connoître une légion de ridicules que j'ai apportés de Londres, de la maison paternelle. Je m'étois fait en Angleterre une idée bien différente des gens de votre espece ; je vous croyois borné au talent de la chaire, & à celui d'instruire dans les Temples de jeunes personnes des devoirs de la Religion. Je suis donc désabusée ; mais avec cet avantage, que j'en profite utilement pour me conduire dans le monde nouveau que je suis venue habiter. On est heureux de trouver dans un pays que l'on ne connoît pas, des hommes rares comme vous. Les États

devroient récompenser de pareils soins.
C'est par goût, sans doute, pour les
sociétés, que vous avez préféré ce
genre de travail à celui pour lequel
vous vous étiez engagé. Si l'instruction est un peu différente, c'est en
faveur de l'État & du bien public.
Un talent médiocre suffit pour caté-
chiser dans les Temples : le vôtre est
supérieur, cela vous justifie.

Sans vous, Monsieur, j'ignore-
rois peut-être mes défauts. L'énumé-
ration que vous en avez bien voulu
faire, m'a fait frémir. Je ne m'attendois pas qu'il dût y avoir une si
grande différence entre une Angloise
& une Françoise ; mais semblable à
un habile Médecin, qui ne gronde
ses malades que pour les guérir, vous
ne m'avez pas donné le temps de
m'inquiéter sur ma situation : les remedes ont été aussi prompts que la
connoissance du mal. La réputation
que vous avez acquise depuis deux
années que vous travaillez sans relâche
à guérir les deux sexes du même principe de maladie, vous a fait passer

Docteur en cette matiere. Plus fécond en ce genre, que le plus décidé petit-maître, il ne vous eſt preſque rien échappé dans vos inſtitutions d'agréments en forme de lettre que vous m'avez adreſſée, de ce qui s'appelle manieres, uſages, graces, bon ton ; en habile Profeſſeur, vous en connoiſſez méthodiquement toutes les nuances & les délicateſſes. Quelle abondance de choſes ! quelle légéreté de ſtyle ! vous eſcaladez vous-même le ſuperlatif ſans vous en appercevoir ; en un mot, vous êtes un maître charmant, ſeul capable d'inſtruire une jeune étrangere qui apporte à Paris des mœurs ſimples & des vertus de grand'mere. A la premiere lecture de votre lettre, je vous ai cru un faux Prophete : à la ſeconde, je vous ai rendu un peu plus de juſtice ; & à la troiſieme, j'ai reconnu mes ridicules, & l'efficacité de vos préceptes. Soit diſpoſition de ma part, ſoit habileté de la vôtre, je ſuis parvenue à me corriger preſqu'entiérement : encore une leçon, & vous ne me reprocherez plus d'arborer l'étendard du ridicule dans ma maison, de le porter dans les cercles, & de le promener en public. Par rapport au premier, je m'en corrige à vue d'œil; mon mari, que j'aime pourtant encore un peu, s'en est déja apperçu; petits maux de tête, dégoûts à table, caprices, mauvaise humeur dans l'appartement; vapeurs enfin, en sont bien des symptomes. Je crois que vos conseils operent; j'ai déja retenu un fort joli Médecin pour mes vapeurs, qui, je compte, m'amusera beaucoup. Cette précaution vous est échappée, sans doute: car c'est une maniere & un agrément dont une femme de qualité ne peut se passer. En vérité, mes femmes sont devenues tout-à-coup d'une mal-adresse étonnante: elles mettent très-mal mes cheveux, & leurs mains sont devenues si pesantes, que je ne puis plus les souffrir: on diroit que depuis quinze jours elles sont vieillies de dix années. Mais au surplus, ma toilette commence à être bien garnie; le

Marquis D * * *, qui n'a tout au plus que dix-huit ans, n'y manque pas un seul jour. Il chante & siffle les plus jolis airs du monde ; j'aurois cependant besoin d'un homme tel que vous, pour y donner un coup d'œil de temps en temps ; car il faut, dites-vous, prendre au nez, & il semble que mes odeurs n'ont pas assez de force pour cela, quoiqu'elles soient de Dulac. J'ai pris deux grands laquais de cinq pieds & demi, & un négre, qui, je crois, me serviront fort bien. J'ai renvoyé ceux que mon mari m'avoit donnés : ne font-ce pas là les usages que vous m'avez enseignés ? Je ne vais plus à la Messe, que les Dimanches à midi & demi, souvent même en papillottes : j'ai supprimé celles des autres jours, ainsi que les Sermons qui ne convertissent plus, pour ne pas fatiguer de très-beaux chevaux neufs, que je ménage pour les jours que je vais au Cours, ou en cérémonie. Enfin, je suis dégoûtée de mes diamants, que je ne trouve plus de si belle eau ; j'en ai

commandé de plus beaux chez Che-
ron, pour être à la mode. Je ne rou-
gis plus, lorsqu'un Cavalier me parle
à l'oreille ; deux coups de pinceau
bien nourris m'ont sauvé ce vilain
ridicule. Lorsque j'arrive, je visite
d'abord toutes les glaces : ensuite
nonchalamment je salue la compagnie, mais toujours la navette à la
main ; car vous avez raison, rien ne
distingue mieux les mains de qualité
des mains roturieres, que cette noble
occupation, quoique la Duchesse de
Finance & la Bourgeoise de qualité
nous imitent en cela comme en toute
autre chose. Ce travail n'empêche
pas d'attendre les graces de la conversation d'une femme piquée contre son
mari, qui lui a refusé son mois, qui
n'est commencé que depuis deux
jours : c'est une expérience que j'ai
faite hier dans un nouveau cercle, où
j'ai été menée.

A l'égard de la promenade & des
spectacles, vous m'en avez appris
l'étiquette : je ne m'y tromperai plus.
J'ai trop d'envie d'être connue avant

de

de partir pour la campagne ; j'ai fait
venir quinze jours de suite ma Marchande de modes, pour compofer
enfemble mon ajuftement d'hiver.
Enfin, après bien des confeils tenus,
je lui ai commandé deux robes gar-
nies deffous & deffus, l'une à la Comete, l'autre à la Rhinocéros, avec
une mante à la Grecque, garnie de
même. Mon Fourreur me compofe un
manchon à la Malabar, d'une façon
nouvelle, moyennant cent louis d'or ;
j'ai fa parole, qu'il n'en fournira à
qui que ce foit pendant huit jours :
quelle fatisfaction pour moi ! j'irai
aux fpectacles, où j'attirerai tous les
regards ; la jaloufie que je ferai
naître, me donnera de la gaieté,
dont mon mari profitera, pour le
récompenfer de deux mille écus qu'il
m'a donnés le jour de ma fête. J'ai
chaffé, il y a huit jours, mon Maitre
d'Hôtel, pour m'être venu demander,
lorfque je perdois à la Comete, s'il
feroit fervir. N'ai-je pas eu raifon ?
Je ne veux plus entendre parler d'occupations férieufes, des foins de

I

ménage sur-tout : cela est trop bourgeois, comme vous me l'avez fait agréablement remarquer. Quand il tonne présentement, je fais battre la caisse par la Folie, dans ma chambre, où je suis renfermée avec mes femmes, & à chaque coup de baguette, je multiplie les signes de croix, que je suis bien heureuse de n'avoir point oubliés comme le Chevalier. Continuez, Monsieur, à m'indiquer des sources aussi pures de perfection ; le progrès que je fais, doit vous y engager: après quoi vous passerez en Angleterre, où les femmes de qualité vous attendent ; car je vous y ai annoncé: elles sont si insipides, si froides, qu'elles pensent sans parler dans les cercles; elles ont besoin d'un Maître comme vous, pour leur apprendre à penser en parlant. Leur toilette est simple dans l'arrangement ; assurées de plaire par d'autres moyens, elles négligent celui de la toilette, comme trop humiliant; si elles aiment, elles le font savoir : voilà le philtre qu'elles emploient. La magnificence des habits, les perles & les diamants sont employés, parce que ce sont des richesses qui indiquent la grandeur qu'elles veulent faire connoître : elles cherchent à jouir ; elles y réussissent, sans vouloir du retour. Leurs maris ne les gênent pas ; ils s'oublient l'un & l'autre depuis le matin jusqu'au soir, qu'ils se trouvent à l'Hôtel : alors ils commencent la conversation, & la finissent en disant, *Good neth.* Cette indifférence maritale en Angleterre, plus qu'ailleurs, vient autant du climat, qu de la fierté des maris, qui se croient trop parfaits, pour être obligés d'aimer leurs femmes, même leurs maîtresses. Ceci, joint à la disposition que la nature du climat donne, fait qu'il n'y a presque pas de séparation en Angleterte, prononcée en Justice. Personne ne se plaint, parce que chacun est libre : mais il manque à leurs plaisirs les manieres, les usages, le goût & le bon ton, que vous enseignez. Leurs visages ressemblent à leurs gorges ; ils sont fades à force de blancheur :

la brosse & le pinceau n'y ont jamais passé. Leurs habits, quoique riches, sont sans agrément de modes, leurs perles mal enfilées, & leurs diamants mal montés. Enfin, leurs grands paniers, qui vont quelquefois jusqu'à dix aunes de tour, ne sont jamais de la bonne Faiseuse. Voilà, Monsieur, les défauts que vous aurez à reprendre ; il ne manque au triomphe de votre Nation, que de franciser les Dames Angloises, & de leur faire aimer la toilette, les manieres, les graces & le bon ton. Cette mission vous est réservée : partez de là, & embarquez-vous. Je ne finirois pas cette lettre, si j'en croyois ma reconnoissance, mais j'y suis contrainte ; je viens de voir entrer dans mon cabinet la mouche que j'ai prise en aversion, je l'entend déja qui bourdonne ; s'il faut qu'elle vienne à mon oreille, je suis anéantie. Avant que cela arrive, j'ai la précaution de vous dire que je suis, &c.

Paris, le 15. Septembre 1749.

DISSERTATION

Sur la différence de deux anciennes Religions, la GRECQUE & la ROMAINE.

ON dit communément que Numa donna la Religion à Rome : c'est confondre les ornements d'un édifice avec la construction. Il est vrai que Numa donna de l'ordre & de l'étendue aux cérémonies, aux fêtes, aux sacrifices, au ministere sacré ; mais le fonds de tout cela, Romulus l'avoit mis dans Rome en la fondant ; & les Rois, ses successeurs, ne firent que cultiver les semences de Religion qu'il avoit jetées. (*a*) Numa lui-même, tout inspiré qu'il vouloit paroître, ne touche point aux institutions de Romulus. (*b*) Est-ce donc Romulus qu'il faut regarder comme

(*a*) Dion. Halicarn. lib. 2. p. 94. *édit. de* Francf.
(*b*) Ibid. pag. 124.

I 3

le pere de la Religion Romaine? On
se tromperoit encore : il l'avoit apportée d'Albe, & Albe l'avoit reçue
des Grecs. On en montre la source,
si Énée est venu en Italie. C'est
Ascagne son fils qui bâtit la ville
d'Albe, (a) où il établit la Religion de Troye : or la Religion de
Troye n'étoit au fond que la Religion
Grecque : Troye la tenoit de Dardanus, son fondateur, & les premiers Troyens sortirent avec lui du
Péloponnese. (b) Dardanus, Énée,
Ascagne, Romulus, voilà les canaux par où la Religion Grecque auroit passé à Rome.

Mais que l'on coupe ces canaux,
il s'en trouve d'autres. Les critiques
qui contestent la venue d'Énée en
Italie, ne nient pas qu'avant même
la guerre de Troye, plusieurs colo-
nies Grecques, les Arcadiens sous
Œnotrus, les Palantiens sous Évandre,
les Pélasges ne soient venus s'établir
avec leurs dieux en Italie. (c) Ainsi,

(a) Ibid. pag. 53.
(b) Ibid. pag. 49.
(c) Idem, lib. 1. pag. 75.

fans recourir à Énée, la Religion Grecque fe trouve à la naiſſance de Rome. Rémus & Romulus, un peu avant que de poſer la premiere pierre, célebrent les Lupercales, felon la coutume d'Arcadie & l'inſtitution d'Évandre ; (*a*) & lorſque la ville reçoit ſes citoyens, Romulus, commençant par le culte des dieux, conſacre des temples, éleve des autels, établit des fêtes & des ſacrifices, en prenant dans la Religion Grecque tout ce qu'il y a de mieux. (*b*) Il y a plus, les monuments l'atteſterent long-temps à Rome, & dans les autres villes d'Italie : un autel érigé à Évandre fur le mont Aventin, un autre à Carmenta ſa mere, près du Capitole, (*c*) des ſacrifices à Saturne felon le rit Grec, (*d*) le temple de Junon à Faleres, modélé fur celui d'Argos, & le culte qui ſe reſſembloit. (*e*) Ces monuments &

(*a*) Ibid. pag. 67.
(*b*) Idem, lib. 2. pag. 90.
(*c*) Dionyf. Hal. lib. 1. pag. 25.
(*d*) Ibid. pag. 27.
(*e*) Ibid. pag. 17.

tant d'autres, que Denis d'Halicarnasse avoit vus en partie, lui font dire que Rome étoit une ville Grecque. (a) Je citerai souvent cet Auteur, parce que sans avoir la force & la pompe de Tite Live, il est, peut-être, le seul qui par ses détails, son discernement & sa critique judicieuse, nous fasse connoître à fond les Romains.

La Religion Romaine étoit donc fille de la Religion Grecque. On n'est par surpris qu'une fille ressemble à sa mere, comme on ne l'est pas qu'elle en differe en quelque chose. Mais pour savoir quelle fut la différence de l'une à l'autre, il faut examiner ce que les Romains ajouterent à la Religion Grecque, & ce qu'ils en retrancherent. Or, ces additions & ces retranchements peuvent se présenter sous quatre faces. 1°. Rome, en adoptant la Religion Grecque, voulut des dieux plus respectables; 2°. des dogmes plus sensés; 3°. un merveilleux moins fanatique; 4°. un

(a) Ibid. pag. 75.

culte plus fage. Développons ces quatre points , & nous aurons le fyftême
& la différence des deux Religions.

Écartons-nous d'abord d'un point
de vue qui pourroit nous égarer ; c'eft
la religion des Philofophes Grecs ou
Romains : quelques-uns nioient l'exif-
tence des dieux , les autres doutoient,
les plus fages n'en adoroient qu'un.
Tous les autres dieux n'étoient pour
Platon, Séneque & leurs femblables ,
que les attributs de la divinité. Toutes
les fables qu'on en débitoit , tout le
merveilleux dont on les chargeoit,
tout le culte qu'on leur rendoit, les
Philofophes favoient ce qu'il falloit
en penfer. Lorfque Socrate immoloit
un coq à Efculape, (qu'importe quel
nom) il facrifioit au principe unique,
à l'auteur de la fanté comme de tous
les biens. Mais le peuple, mais la
Religion publique prenoit les chofes
à la lettre ; & c'eft la Religion publique qui fait ici notre objet. Et je
dis, 1°. que les Romains , en adoptant la Religion Grecque , voulurent
des dieux plus refpeƈtables.

I 5

Quels furent les dieux de la Grece? C'est dans Homere, c'est dans Hé- fiode, qu'il faut les chercher : les Grecs n'avoient alors que des Poëtes pour Hiftoriens & pour Théologiens. Homere n'imagina pas les dieux ; il les prit tels qu'il les trouva pour les mettre en action : l'Iliade en fut le théatre auffi-bien que l'Odyffée. Hé- fiode, (fi la théogonie eft de lui) fans donner aux dieux autant d'ac- tion, en trace la Généalogie d'un ftyle fimple & hiftorique. Voilà les anciennes archives de la Théologie Grecque, & voici les dieux qu'elle nous montre ; des dieux corporels, des dieux foibles, des dieux vicieux, les autres inutiles.

Romulus en adopta une partie pour Rome, mais en rejettant les fables qui les deshonoroient : (*a*) la corpo- ralité en étoit une. Les Dieux d'Ho- mere & d'Héfiode, fans excepter les douze grands dieux que la Grece portoit en pompe dans fes fêtes fo- lemnelles, naquirent comme les hom-

(*a*) Dionyf. Hal. lib. 2. pag. 90.

mes naiſſent : Apollon de Jupiter, Jupiter de Saturne, & Saturne avoit Cœlus pour pere. Rome les adoroit ſans demander comment ils avoient pris naiſſance. Elle ne connoiſſoit ni la fécondité des déeſſes, ni l'enfance, ni l'adoleſcence, ni la maturité des dieux : elle n'imaginoit pas ces pieds argentés de Thétis, ces cheveux dorés d'Apollon, ces bras de Junon blancs comme la neige, ces beaux yeux de Vénus, ces feſtins, ce ſommeil dans l'Olympe. Les Grecs vouloient tout peindre ; les Romains ſe contentoient d'entrevoir dans un nuage reſpectable. Cotta prouve fort bien contre l'Épicurien Velléïus, que les dieux ne peuvent avoir de figure ſenſible ; (a) & quand il diſoit cela, il expoſoit les ſentiments de Rome dès ſa naiſſance.

Romulus vantoit la puiſſance & la bonté des dieux, non leur figure ou leur ſenſation ; il ne ſouffroit pas qu'on leur attribuât rien qui ne fût conforme à l'excellence de leur être.

(a) Cic. lib. 1. de nat. Deor. pag. 1176.

I 6

(*a*) Numa eut le même soin d'écarter de la nature divine toute idée de corps : Gardez-vous, dit-il, d'imaginer que les dieux puissent avoir la forme d'un homme ou d'une bête ; ils sont invisibles, incorruptibles, & ne peuvent s'appercevoir que par l'esprit. (*b*) Aussi pendant les cent soixante premieres années de Rome, on ne vit ni statues, ni images dans les temples ; (*c*) le *palladium* même n'étoit pas exposé aux regards publics.

La Religion Grecque, après avoir mis les dieux dans des corps, poussa encore l'erreur plus loin, & de purs hommes elle en fit des dieux. (*d*) Les Romains penserent-ils de même ? Est-il permis de hasarder des conjectures ? S'ils l'avoient pensé, n'auroient-ils pas divinisé Numa, Brutus, Camille & Scipion, ces hommes qui avoient tant ressemblé aux dieux ?

(*a*) Dionyf. Hal. lib. 2. pag. 90.

(*b*) Plutarch. in Numa, pag. 65. *édition de Paris*, 1624.

(*c*) Ibid.

(*d*) Jam verò in Græcia multos habent ex hominibus Deos. *Cic. lib. 3. de nat. Deor.*

Les autels qu'ils confacrerent à Romulus, furent élevés immédiatement
après fa mort, c'eft-à-dire, dans un
temps où la Religion encore au berceau, n'avoit pas fixé fes principes.
Cet exemple, qui ne fut plus renou-
vellé, ne décele-t-il point un zele in-
confidéré dont ils reconnurent l'abus ?
Mais, dira-t-on, ils mirent au rang
de leurs dieux, Caftor, Pollux, Efculape, Hercule, ces héros que la
Grece avoit divinifés, & qui avoient
été hommes aux yeux de tout le
monde. Ils pouvoient fort bien les
croire de même nature que Jupiter.
Ce ne fut qu'après les guerres pu-
niques qu'ils lurent les livres Grecs,
& dans les livres Grecs l'hiftoire des
dieux. (a) On fe défabufa ; & vraifemblablement les héros qu'on adoroit, ne furent plus regardés que
comme les amis des dieux ; ou s'ils

____

(a) Et poft punica bella quietus, quærere
     cœpit
Quid Sophocles & Thefpis, & Æfchy-
     lus utile ferrent.
          Horat. lib. 2. epift. XI. v. 161.

continuerent à jouir des honneurs divins, ce n'étoient plus les mêmes dieux, quoiqu'ils conservaffent les mêmes noms. Le Bacchus, fils de Sémélé, que la Grece adoroit, n'étoit pas celui que les Romains avoient, & qui n'avoit point de mere. (*a*) Virgile nous montre dans l'Élifée tous les héros de Rome ; il n'en fait pas des dieux. Homere voit les chofes autrement ; l'ame d'Hercule ne s'y trouve pas, mais feulement fon fimulacre ; car pour lui, il eft affis à la table des dieux, il eft devenu dieu. (*b*) Les Publicains de Rome lui auroient difputé fa divinité, comme ils la difputerent à Trophonius & à Amphiraraus. Ils ne font pas dieux, dirent-ils, puifqu'ils ont été hommes, & nous leverons le tribut fur les terres qu'il vous a plu de leur confacrer comme à des dieux. (*c*) Objectera-

(*a*) Cic. lib. 2. de nat. Deor.
(*b*) Odyff. lib. 11. pag. 167.
(*c*) Negabant immortales effe ullos qui aliquando homines fuiffent.

        Cic. lib. 3. de nat. Deor.

t-on l'apothéofe des Empereurs Romains ? Ce ne fut jamais qu'une baſſe flatterie que l'efclavage avoit introduite. Domitien Dieu ! & Caton feroit reſté homme ! les Romains n'étoient pas ſi dupes. Ils vouloient des dieux de nature vraiment divine, des dieux dégagés de la matiere.

Ils les vouloient auſſi ſans foibleſſe. Les Grecs diſoient que Mars avoit gémi treize mois dans les fers d'Otus & d'Éphialte ; (*a*) que Vénus avoit été bleſſée par Diomede, (*b*) Junon par Hercule ; (*c*) que Jupiter lui-même avoit tremblé ſous la fureur des Géants. La Religion Romaine ne citoit ni guerres, ni bleſſures, ni chaînes, ni efclavage pour les dieux. (*d*) Ariſtophane à Rome n'auroit pas ofé mettre ſur la fcene Mercure cherchant condition parmi les hommes, portier, cabaretier, homme d'affaires, intendant des jeux, pour ſe

(*a*) Iliad. lib. 5. pag. 87.
(*b*) Ibid.
(*c*) Ibid.
(*d*) Dionyſ. Hal. lib. 2. pag. 50.

fouftraire à la mifere. (*a*) Il n'y auroit pas mis cette ambaffade ridicule, où les dieux députent Hercule vers les oifeaux pour un traité d'accommodement : la falle d'audience eft une cuifine bien fournie, où l'Ambaffadeur demande à établir fa demeure. (*b*) Les Romains ne vouloient pas rire aux dépens de leurs dieux : fi Plaute les fit rire dans fon Amphitrion, c'étoit une fable étrangere qu'il leur préfentoit ; fable qu'on ne croyoit point à Rome, mais qu'Athenes adoptoit lorfqu'Euripide & Archippus l'avoient traitée. Le Jupiter Grec & le Jupiter Romain, quoiqu'ils portaffent le même nom, ne fe reffembloient guere : les dieux Grecs étoient devenus pour Rome des dieux de théatre, parce que la crainte, l'efpérance, les fuccès, les revers les rendoient tout propres aux intrigues. Rome croyoit fes dieux au deffus de la crainte, de la mifere & de la foibleffe, fuivant la doctrine

(*a*) Plutus
(b) *Les oifeaux.*

de Numa. (*a*) Elle ne connoiſſoit que des dieux forts.

Mais ſi elle rejettoit les dieux foibles, à plus forte raiſon les dieux vicieux. On n'entendoit pas dire à Rome, comme dans la Grece, que Cœlus eût été mutilé par ſes enfants, que Saturne dévoroit les ſiens dans la crainte d'étre détrôné ; que Jupiter tenoit ſon pere enfermé dans le Tartare. (*b*) Ce Jupiter Grec, comme le plus grand des dieux, étoit auſſi le plus vicieux : il s'étoit transformé en cygne, en taureau, en pluie d'or, pour ſéduire des femmes mortelles : parmi les autres divinités, pas une qui ne ſe fût ſignalée par la licence, la jalouſie, le parjure, la cruauté, la violence. Si Homere, ſi Héſiode euſſent chanté à Rome les forfaits des dieux, en admirant leur génie, on les auroit, peut-être, lapidés. Pithagore, ſous le regne de Servius Tullius, crioit à toute l'Italie, qu'il les avoit vu tourmentés dans les En-

(*a*) Plutarch. in Numa, pag. 65.
(*b*) Dionyſ. Hal. lib. 2. pag. 90.

fers, pour toutes les fauſſetés qu'ils avoient miſes ſur le compte des dieux. On prenoit alors la Religion bien ſérieuſement à Rome. Les eſprits étoient ſimples, les mœurs étoient pures ; on ſe ſouvenoit des inſtitutions de Romulus, qui avoit accoutumé les Citoyens à bien penſer, à bien parler des immortels, à ne leur prêter aucune inclination indigne d'eux. (a) On n'avoit pas oublié les maximes de Numa, dont la premiere étoit le reſpect pour les dieux. On refuſe le reſpect à ce qu'on mépriſe. On feroit tenté de croire qu'on ceſſa de bien penſer des dieux, lorſque les lettres ayant paſſé en Italie, les Poëtes mirent en œuvre la Théologie Grecque. Elle n'étoit pour eux & pour les Romains qu'un tiſſu de fables pour orner la Poéſie. Ovide n'en impoſa à perſonne par ſes Métamorphoſes. Horace & Virgile, en habillant les dieux à la Grecque, ne détruiſirent pas les anciennes traditions. La Théologie Romaine ſub-

(a) Ibid.

...oit dans son entier. Denis d'Halicarnasse, qui étoit témoin du fait,
dit qu'il la préféroit à la Théologie
Grecque, parce que celle-ci répandoit parmi le peuple le mépris des
dieux, & l'imitation des crimes dont
ils étoient coupables. (a) Rome vouloit des dieux sages.

Elle destinoit aussi son encens aux
dieux utiles. Les douze grands dieux &
quelques divinités subalternes qu'elle
avoit reçues de la Grece, avoient leur
utilité. Mars pour la guerre, Vénus
pour la multiplication, Cérès pour les
bleds, & Minerve pour la sagesse ;
Jupiter pour présider à tout. Mais les
Grecs étoient grands décorateurs.
A quoi servoient ces Dryades, ces
Nayades, ces Nymphes de toute espece, ces Sylvains, ces Tritons, ces
trois mille fils & ces trois mille filles
de l'Océan & de Thétis, qu'Hésiode
appelle la brillante postérité des
dieux, (b) si ce n'étoit à orner la cour
des dieux supérieurs ? Étoit-il fort né-

(a) Dionys. Hal. lib. 2. pag. 91.
(b) In theogonia.

ceſſaire de diviniſer les heures pour ouvrir les portes du ciel, & Hébé pour verſer le neſtar à Jupiter ? Toutes ces divinités de décoration n'eurent jamais d'autels à Rome.

Rome ſe fit des dieux auſſi-bien que la Grece, mais des dieux uti- les. Palès fut invoquée pour les troupeaux, Vertumne & Pomone pour les fruits, les dieux Lares pour les maiſons, le dieu Terme pour les bornes des poſſeſſions ; l'Hébé Grecque devint la déeſſe tutélaire de la jeuneſſe. Si les dieux Nuptiaux dans les mariages, les Nixii dans les accouchements, la déeſſe Horta dans les actions honnêtes, Strénua dans les actious de force ; ſi ces divinités & tant d'autres inconnues aux Grecs, partagerent l'encens des Romains, ce fut à titre d'utilité. (a) Il ſemble que dès les premiers temps, les Romains ſe conduiſirent par cette maxime de Ciceron : (b) Qu'il eſt de la nature

____

(a) Utilitatum igitur magnitudine conſti- tuti ſunt ii dii, qui utilitates quaſque gigne- bant. *Cic. lib. 2. de nat. Deor.*

(b) Sit igitur hoc à principio perſuaſum

des dieux de faire du bien aux hommes.

C'eſt ſur ce principe qu'ils diviniſerent la concorde, la paix, le ſalut, la liberté : les vertus ne furent pas oubliées ; la prudence, la piété, le courage, la foi, autant d'êtres moraux qui furent perſonnifiés , autant de temples ; & Ciceron trouve cela fort bien, parce qu'il faut, dit-il, que les hommes regardent les vertus comme des divinités qui habitent dans leurs ames. (a) Les Grecs furent plus ſobres dans cet ordre de divinités. Pauſanias ne fait mention que d'un temple qu'ils éleverent à la miſéricorde, (b) eux qui dreſſerent des autels à l'outrage & à l'impudence,

civibus, deos optimè de genere hominum mereri. *Idem, lib. 2 de legibus.*

(a) Bene verò quòd mens, pietas, virtus, fides conſecratur, quarum omnium Romæ dedicata publicè templa ſunt, ut illi qui habeant deos ipſos, in animis ſuis collocatos putent *Ibid.* 1251.

(b) Num illud vitioſum Athenis quòd Cylonio ſcelere expiato.. . fecerunt contumeliæ fanum & impudentiæ ; virtutes enim non vitia conſecrare decet. *Ibid.*

après avoir expié le crime de Cylon:
ce que Ciceron blâme fort, en difant qu'on doit confacrer les vertus,
non les vices. Mais on eft, peut-être,
furpris de voir les Romains facrifier
à la peur, à la fievre, à la tempête, aux dieux des Enfers; ils ne
s'écartoient pourtant pas de leur fyftême : ils invoquoient ces divinités
nuifibles pour les empêcher de nuire.
On ne finiroit pas, fi on vouloit faire
le dénombrement de tous les dieux
que Rome affocia aux dieux de la
Grece; jamais aucune ville Grecque
ou barbare n'en eut tant. (*a*) La
Quartille de Pétrone s'en plaignoit,
en difant qu'on y trouvoit plus facilement un dieu qu'un homme. La Capitale du monde fe regardoit comme le
fanctuaire detous les dieux. Mais malgré ce polithéifme fi exceffif, on lui
doit cette juftice, qu'elle écarta de la
nature divine l'inutilité, le vice, la
foibleffe, la corporalité. Des dieux
utiles, des dieux fages, des dieux forts,
des dieux dégagés de la matiere,

(*a*) Dionyf. Hal. lib. 2. pag. 124.

furent des dieux plus respectables. Rome ne s'en tint pas là : les dogmes qu'elle adopta, furent plus sensés.

SECONDE PARTIE.

Dans toute Religion les dogmes vraiment intéressants sont ceux qui tiennent aux mœurs, au bonheur ou au malheur. L'homme est-il libre sous l'action des dieux ? Sera - t - il heureux en quittant cette terre ? & s'il est malheureux, le sera-t-il éternellement ? Voilà les questions qui ont agité les hommes dans tous les temps, & qui les inquiéteront toujours, s'ils n'ont recours à la vraie Religion. Les Grecs étoient fatalistes, fatalistes de la plus mauvaise espèce ; car, selon eux, les dieux enchaînoient les événements : ce n'est pas tout, ils poussoient les hommes au crime. Écoutons Homère : il a beau nous dire au commencement de l'Odyssée, que les amis d'Ulysse doivent leur perte à leur propre folie ; on lit cent autres endroits où le fatalisme se déclare ouvertement. C'est

Vénus qui allume dans le cœur de Pâris & d'Hélene, ce feu criminel qui fait tant de ravages ; le bon Priam console Hélene en imputant tout aux dieux. (*a*) Ce sont des dieux ennemis, qui sement la haine & la discorde entre Achille & Agamemnon : (*b*) le sage Nestor n'en doute pas. C'est Minerve qui, de concert avec Junon, dirige la fleche perfide de Pandarus, pour rompre une treve solemnellement jurée. (*c*) C'est Jupiter qui, après la prise de Troye, conduit la hache de Clitemnestre sur la tête d'Agamemnon. (*d*) On ne sauroit tout dire. Qu'on ouvre le Poëme des Romains : Virgile ne met pas sur le compte des dieux le crime de Pâris : Hélene, aux yeux d'Énée, n'est qu'une femme coupable, qui mérite la mort. (*e*) Les fameux

(*a*) Iliad. lib. 3. pag. 54.
(*b*) Iliad. lib. 1. pag. 13.
(*c*) Ibid. lib. 4. pag. 65.
(*d*) Odyss. lib. 24. pag. 329
(*e*) Extinxisse nefas tamen, & sumpsisse merentis
Laudabor pœnas. *Æneid. lib.* 2.

criminels

criminels que le héros Troyen contemple dans le Tartare, l'impie Salmonée, l'audacieux Tytie, l'infolent Ixion, le cruel Tantale, n'ont
rien à reprocher aux dieux : Rhada-
mante les oblige à confeſſer eux-
mêmes leurs forfaits. (a) Ce n'étoit
pas là le langage de Phedre, d'Atrée,
d'Oreſte, d'Œdipe ſur le théatre
d'Athenes : on n'y entendoit qu'em-
portements contre les dieux auteurs
des crimes. Si la ſcene Romaine a
copié ces blaſphêmes, il ne faut pas
les prendre pour les ſentiments de
Rome. Séneque & les autres tragiques
faiſoient préciſément ce que nous fai-
ſons aujourd'hui. Phedre, Œdipe ſe
plaignent auſſi des dieux ſur notre
théatre, & nous ne ſommes pas fata-
liſtes. Mais ceux qui nous ont donné
le ton, & aux Romains avant nous,
les Grecs parloient le langage de leur
Religion. La Religion Romaine pro-
poſoit en tout l'intervention des
dieux, mais en tout ce qui étoit

____

(a) Caſtigat, auditque dolos, ſubigitque
fateri. *Æneid. lib. 6.*

K

bon & honnête. Les dieux ne forçoient pas le lâche à être brave, & encore moins le brave à être lâche : c'est le précis de la harangue du Dictateur Posthumius, sur le point de livrer bataille aux Tarquins. Les dieux, dit-il, nous doivent leur secours, parce que nous combattons pour la justice ; mais sachez qu'ils ne tendent la main qu'à ceux qui combattent vaillamment, & jamais aux lâches. (a) Le dogme de la fatalité ne passa d'Athenes à Rome qu'au temps de Scipion l'Africain : Panœtius l'apporta de l'école Stoïcienne ; mais ce ne fut qu'une opinion philosophique, adoptée par les uns, combattue par les autres, sur-tout par Ciceron dans son livre *de fato*. La Religion ne l'enseigna point, & ceux qui l'embrasserent, ne s'en servirent jamais pour enchaîner la volonté de l'homme. Épictete assurément ne croyoit pas que des dieux eussent forcé Néron à faire éventrer sa mere.

Il est étonnant que la Religion

(a) Dionys. Hal. lib. 6. pag. 345.

Grecque ayant attribué aux dieux la méchanceté des hommes, ait creusé le Tartare pour y punir des vicieux sans crimes. Il l'est, peut-être, encore plus, qu'elle les ait condamnés à des tourments éternels. Tantale mourra toujours de soif au milieu des eaux, Sifyphe roulera éternellement son rocher, jamais les vautours n'abandonneront les entrailles de Tytie. (a) Ces profonds & ténébreux abymes, ces cavernes affreuses de fer & d'airain dont Jupiter menace les dieux même, (b) ne rendent pas leurs victimes. L'Enfer des Romains laisse échapper les siennes : il ne retient que les scélérats du premier ordre, un Salmonée, un Ixion, qui se font abandonnés à des crimes énormes : lorsqu'Énée y descend, il en apprend les secrets. Toutes les ames, lui dit Anchise, ont contracté des souillures par leur commerce avec la matiere ; il faut les purifier : les unes suspendues au grand air, sont le jouet des vents ;

(a) Odyff. lib. II. pag. 167.
(b) Iliad. lib. 8. pag. 30.

K 2

les autres , plongées dans un lac , expient leurs fautes par l'eau ; celles-là par le feu : enfuite on nous envoie dans l'Élifée. (*a*) Il en eft qui retournent fur la terre , en prenant d'autres corps. (*b*) Énée, qui ne connoît que les dogmes Grecs , s'écrie : O mon pere ! eft-il poffible que des ames fortent d'ici pour revoir le jour ? (*c*) Voyez , reprend Anchife , ce guerrier dont le cafque eft orné d'une double aigrette ; c'eft Romulus ; voilà Numa ; contemplez Brutus, Camille,

(*a*) Ergo exercentur pœnis , veterumque malorum

Supplicia expendunt ; aliæ panduntur inanes

Sufpenfæ ad ventos , aliis fub gurgite vafto

Infectum eluitur fcelus , aut exuritur igni :

. . . . . Exinde per amplum Mittimur elyfum.

Æneid. lib. 6. v. 739.

(*b*) Animæ quibus altero fato Corpora debentur.

Æneid. lib. 6. v. 713.

(*c*) O pater ! anne aliquas ad cœlum hinc ire putandum eft

Sublimes animas. *Ibid. v. 712.*

Scipion, César, tous ces héros repa-
roîtront effectivement à la lumiere,
pour porter la gloire de votre nom
& celle de Rome aux extrêmités de
la terre.

On apperçoit deux dogmes dans
cette doctrine des Enfers, la fin des
supplices, du moins pour le grand
nombre, & la métempsycose. Étoit-ce
Pythagore qui les avoit donnés à
Rome ? Il asuroit qu'il étoit des-
cendu lui-même aux Enfers, & on
juroit sur sa parole. J'y ai vu des
juges, disoit-il, qui tourmentent les
ames pour les purifier, comme les
Médecins font des incisions pour
guérir les corps ; & lorsque le vice
sera chassé, la punition cessera. (*a*)
On ne sait même si sous les Empereurs, les Romains croyoient encore
aux Enfers. Juvenal prétend qu'il n'y
avoit plus que les enfants qui s'en
laissassent épouvanter. (*b*) Quant à

(*a*) Hierocl. comment. in aurea carmina.
(*b*) Esse aliquos manes & subterranea regna,
    Et contum, & Stygio ranas in gurgite
    nigras ;

K 3

la métempsycofe, Pythagore fe citoit pour exemple : il avoit été Æthalide, Euphorbe, Hermotine, pêcheur à Délos, avant que d'être Pythagore. Un homme dont la fageffe faifoit tant de bruit ; un homme qu'on a cru le confeil & le maître de Numa, quoiqu'il n'en fût pas même le contemporain ; un homme qui alloit toujours parlant des dieux fur un ton fublime, & qui avoit autant de fcience que d'enthoufiafme, étoit tout propre à faire paffer dans l'efprit des peuples, des points de Religion, quelque finguliers qu'ils fuffent. Les Grecs croyoient les dieux trop juftes pour jamais pardonner ; les Romains les jugeoient trop bons pour punir toujours des crimes ordinaires à l'humanité.

L'Élifée des Grecs étoit encore plus mal imaginé que le Tartare. Toutes les ames qui viennent aux yeux d'Ulyffe, (a) la fage Anticlée, la belle Tyro, la vertueufe Antiope,

Nec pueri credant, nifi qui nondum
ære lavantur. *Sat. 1. v. 1*C7.
(a) Odyff. lib. **XI.** pag. 155.

l'incomparable Alcmene , toutes ont une contenance triste, toutes pleurent. Le brave Antiloque , le divin Ajax , le grand Agamemnon poussent autant de soupirs qu'ils prononcent de paroles ; Achille lui-même répand des larmes. Ulysse en est surpris : Quoi! vous, le plus excellent des Grecs ; vous, que nous regardions comme égal aux dieux , n'avez-vous pas ici un grand empire ? N'êtes-vous pas heureux ? Que répond-il ? J'aimerois mieux labourer la terre , & servir le plus pauvre des vivants, que de commander aux morts. (a) Quel séjour pour la félicité! quel Élisée! qu'il est différent de ce lieu délicieux , où le héros Troyen trouve son pere Anchise , & tous ceux qui ont aimé la vertu , ces jardins agréables , ces vallons verdoyants , ces bosquets enchantés , cet air toujours pur , ce ciel toujours serein , où l'on voit luire un autre soleil , & d'autres astres! (b) C'est ainsi que les Ro-

(a) Odyss. lib. XI. pag. 163.
(b) Æneid. lib. 6. v. 638.

mains, en corrigeant les dogmes Grecs, les rendirent plus senfés.

TROISIEME PARTIE.

C'eft ainfi encore que le merveilleux qu'ils réformerent, fut moins fanatique. Ce goût de réforme n'a rien de fingulier dans une Religion qui s'établit fur une autre. Toute Religion a fon merveilleux : celui de la Grece fe montroit dans les fonges, les oracles, les augures & les prodiges. Rome connut peu ces fonges myftérieux qui defcendoient du trône de Jupiter pour éclairer les mortels. (*a*) Romulus n'eût pas, comme Agamemnon, (*b*) livré un combat fur la fòi d'un fonge ; on n'auroit pas compté à Rome fur la mort du tyran de Phérès, parce qu'Eudeme l'avoit rêvé ; (*c*) & le Sénat n'auroit pas fait ce que fit l'Aréopage, lorfque Sophocle vint dire qu'il avoit vu en fonge le voleur qui avoit enlevé la

(*a*) Iliad. lib. 1. pag. 5.
(*b*) Ibid. lib. 2. pag. 27.
(*c*) Cicer. lib. 1. de divinat. pag. 1210.

coupe d'or dans le temple d'Hercule : l'accufé fut arrêté fur le champ, & appliqué à la queftion. (*a*) Dans la Grece on fe préparoit aux fonges par des prieres & des facrifices ; après quoi on s'endormoit fur les peaux des victimes pour les recevoir. C'eft de là que le temple de Podalirius tira fa célébrité, auffi-bien que celui d'Amphiraraus, ce grand interprete des fonges, à qui on déféra les honneurs divins. (*b*) Ces temples, ces victimes, ces miniftres pour les fonges, marquoient un point de Religion bien décidé. Rome n'avoit pour eux aucun appareil de Religion. Ce bois facré dont parle Virgile, (*c*) où le Roi Latinus alla myftérieufement, en fe couchant à côté du Prêtre, n'avoit plus de réputation lorfque Rome fut bâtie. Si quelques fonges y firent du bruit, & produifirent des événements, on n'avoit pas été les chercher dans les temples ;

(*a*) Ibid.
(*b*) Paufan. Attic. 1. pag 33.
(*c*) Æneid. 7. v. 85.

K 5

ils étoient venus d'eux-mêmes, accompagnés de quelque circonstance frappante ; sans quoi on n'en auroit pas tenu compte. Ce cultivateur qui se fit porter mourant au Sénat, en annonçant de la part de Jupiter, qu'il falloit recommencer les jeux, n'auroit remporté que du mépris, s'il n'eût recouvré subitement la santé, en racontant sa vision. (*a*) En un mot, les Romains ne donnoient dans les songes que comme toute autre Nation qui s'en affecteroit peu, qui ne nieroit pas absolument, mais qui ne croiroit que rarement, & toujours avec crainte de tomber dans le faux ; au lieu que les Grecs en faisoient un merveilleux essentiel à leur religion, un ressort à leur gouvernement. Ceux qui gouvernoient Sparte, couchoient dans le temple de Pasiphaë, pour être éclairés par les songes. (*b*).

Le fanatisme des oracles fut encore plus grand dans la Grece. Les Païens

(*a*) Cic. lib. 1. de divinat. pag. 1211.
(*b*) Ibid. pag. 1215.

ont reconnu dans les oracles la voix des dieux, les Chrétiens l'œuvre du démon, les Philosophes & les Politiques n'y ont vu que des fourberies de Prêtres, ou, tout au plus, des vapeurs de la terre, qui agitoient une Prêtresse sur son trépied, sans qu'elle en fût plus savante sur l'avenir. Quoi qu'il en soit, Claros, Delphes, Dodone, & tant d'autres temples à oracles, tournoient toutes les têtes de la Grece. Peuples, Magistrats, Généraux d'armée, Rois, tous y cherchoient leur sort & celui de l'État. Ce fanatisme fut très-petit à Rome. La Religion avoit presque sa consistance dès le temps de Numa : on ne lit rien dans ses institutions qui regarde les oracles. Le premier Romain qui les consulta, fut Tarquin le Superbe, en envoyant ses deux fils à Delphes, pour apprendre la cause & le remede d'une maladie terrible qui enlevoit la jeunesse. (a) Voilà bien du temps écoulé depuis Romulus, sans la Religion des oracles.

(a) Dionyf. Hal. lib. 4. pag. 264.

Il s'en établit enfin quelques-uns en Italie ; mais leur fortune ne fut pas grande.

On n'avoit pas ces colombes fatidiques , ces chênes parlants , ces baffins d'airain , qui avoient auffi leur langage , ni cette Pythie qu'un dieu poffédoit , ni ces antres myftérieux , où l'on éprouvoit des entraînements fubits , des raviffements, des communications avec le ciel. Difons mieux ; on n'avoit pas les têtes Grecques. Tant de fanatifme & d'enthoufiafme n'étoit pas fait pour les imaginations Romaines , qui étoient plus froides : ce n'eft pas qu'on ne fe tournât quelquefois du côté des oracles. Augufte alla interroger celui de Delphes , (*a*) & Germanicus celui de Claros. (*b*) Mais des oracles fi éloignés & fi rarement confultés, ne pouvoient guere établir leur crédit à Rome, & s'incorporer à la Religión.

Je dis plus : le peu de fuccès des oracles du pays avoit apparemment

(*a*) Suidas , Cedrenus.
(*b*) Tacit. lib. 2. annal.

décrédité les autres. L'hiftoire les nomme, & fe tait fur leur mérite. Ce filence ne marque pas une grande vogue. Ils étoient d'ailleurs en petit nombre : celui de Pife, celui du Vatican, celui de Padoue, c'eft prefque les avoir tous cités. On ne s'en feroit pas tenu à fi peu, fi on y avoit eu beaucoup de foi. La Grece en comptoit plus de cent, & tous en grande réputation ; (a) ils gouvernoient. S'ils gagnerent quelques particuliers à Rome, ils ne gouvernerent jamais Rome. Ce n'étoit pas là fa folie : elle la mettoit dans les divinations Etrufques, & dans les livres Sibyllins.

Ces divinations Etrufques, qui comprenoient les Augures & les Arufpices, fe vantoient d'une fource bien merveilleufe. En Etrurie un enfant, nommé Tagès, étoit forti d'un fillon comme un épi de bled ; le laboureur cria au miracle, affembla du monde : on queftionna l'enfant, qui enfeigna toute la doctrine de la divi-

(a) Paufanias, Gronovius.

nation, (*a*) Le tonnerre entendu à l'Orient ou à l'Occident, un aigle qui voloit à droite ou à gauche, des poulets sacrés qui mangeoient ou ne mangeoient pas; voilà des Augures. Les entrailles des victimes de telle ou telle couleur, dans une situation ou dans une autre, la flamme du bûcher qui s'élevoit en pyramide, ou se replioit sur elle-même; voilà des Aruspices. Ces signes & d'autres semblables créoient ou destituoient un Préteur, un Tribun, un Consul, un Roi dans le temps des Rois, précipitoient ou suspendoient la marche d'une armée. Caton avoit beau être surpris que deux Augures pussent se regarder sans rire. (*b*) La matiere se traitoit bien sérieusement. On ne faisoit rien dans Rome, ou hors de Rome, dit Ciceron, sans l'autorité des Augures. (*c*)

La Grece eut aussi les siens; mais la différence fut sensible entre les uns

(*a*) Cic. lib. 2. de divinat. pag. 1224.
(*b*) Ibid.
(*c*) Cic. lib. 2. de legibus.

& les autres. Calchas, Tyréfie, Po-
lydamas étoient pour les Grecs
des hommes infpirés, qui ne parloient pas quand ils vouloient, mais
felon l'impulfion du Dieu qui les agitoit. Gracchus, Marcellus, Appius
annonçoient les fuccès ou les malheurs auffi tranquillement que nos
aftronomes prédifent les éclipfes.
Voilà pourquoi Ciceron, qui fut
lui-même augure, diftingue deux
fortes de divination. (a) L'une eft
un art qui dévoile l'avenir par les
fignes, l'autre une fureur divine qui
prophétife indépendamment des fignes. Les Augures Grecs obfervoient
pourtant les fignes; mais auffi-tôt
Apollon ou quelqu'autre Dieu favorable venoit s'emparer d'eux, & les
fignes ne jouoient que le fecond rôle.
C'eft ainfi que Calchas annonce les
années de la guerre de Troye, par
le nombre des oifeaux qu'un ferpent
dévore; il étoit plein de fon Dieu.
(b) Les Augures Romains ne fe

(a) Cic. lib. de divinat. pag. 1208.
(b) Iliad. lib. 2. pag. 36.

vantoient pas de la même faveur: ils s'attachoient aux fignes, & ils préfageoient fans émotion. Otez les fignes, ils ne voyoient plus rien.

Les mêmes fignes en Grece ne donnoient pas toujours les mêmes prédictions, parce que l'infpiration pouvoit varier. A Rome, fi les poulets facrés ne mangeoient pas, c'étoit toujours une raifon de tout fufpendre. *Ils ne mangent pas, eh bien, qu'ils boivent*, dit P. Claudius, en les faifant jeter dans la mer: la flotte qu'il commandoit fut détruite; on ne manqua pas d'attribuer fon malheur à fon impiété: il fut profcrit. (a)

A Rome, il y avoit un College d'Augures, inftitué par Romulus, confirmé par Numa, augmenté, révéré par les Rois & les Confuls: l'Augurat étoit donc un établiffement en regle, une dignité, un pouvoir qu'on ne pouvoit pas exercer fans être avoué de l'État; au lieu que dans la Grece un fanatique, un charlatan s'érigeoit de lui-même en Augure.

(a) Cic. lib. 2. de divinat. pag. 1216.

A Rome, on se formoit à la divination : ce fameux Augure qui prouva sa science à Tarquin l'Ancien, en coupant une pierre avec un rasoir, Attius Névius, s'étoit endoctriné sous un maître Etrusque, le plus habile qui fut alors ; (*a*) & dans la suite le Sénat envoya des éleves en Etrurie comme à la source, éleves tirés des premieres familles. (*b*) La Grece n'avoit point l'école de divination ; elle n'en avoit pas besoin, parce que l'esprit d'Apollon souffloit où il vouloit. Hélénus, qui avoit toute autre chose à faire,) il étoit fils d'un grand Roi, s'en trouve tout à coup possédé ; le voilà Augure. (*c*)

A Rome, l'Augurat n'étoit destiné qu'aux hommes, parce qu'il demandoit du travail & une étude suivie : dans la Grece, où l'inspiration faisoit tout, les femmes y étoient aussi propres que les hommes, &

(*a*) Dionys. Hal. lib. 3. pag. 203.
(*b*) Cic. lib. 2. de divinat. pag. 1226.
(*c*) Æneid. lib. 3. v. 359.

peut-être encore plus. Le nom de Caſſandre eſt célebre ; & Ciceron demande pourquoi cette Princeſſe en fureur découvre l'avenir, tandis que Priam ſon pere, dans la tranquillité de ſa raiſon, n'y voit rien. (a) La divination des Grecs étoit donc une fureur divine, & celle des Romains une ſcience froide, qui avoit ſes regles & ſes principes. La fauſſeté étoit ſans doute égale de part & d'autre : mais je demande de quel côté le fanatiſme ſe montroit le plus? Il y a bien de l'apparence que l'enthouſiaſme augural des Grecs n'auroit pas mieux réuſſi à Rome que les oracles. Il falloit aux Romains, nation ſolide & ſérieuſe, un air de ſageſſe juſques dans leur folie.

Le temps leur ouvrit une autre ſource de divination, *les livres Sibyllins*. Ils furent apportés à Tarquin le Superbe ; (b) Pline dit à

____

(a) Cur Caſſandra furens futura proſpiciat ; Priamus ſapiens hoc idem facere nequeat. *Cic. lib.* 1. *de divinat. pag.* 1214.

(b) Dionyſ. Hal. lib. 4. pag. 257.

Tarquin l'Ancien, par une vieille myſtérieuſe qui diſparut comme une ombre : On l'a crue Sibylle elle-même. On aſſemble les Augures, on enferme les livres dans le temple de Jupiter au Capitole, on crée des Prêtres pour les garder, on ne doute pas que le deſtin de Rome n'y ſoit écrit. Pourquoi tant de chaleur, dira quelqu'un ? N'avoit-on pas les divinations Etruſques pour ſe conduire ? Denis d'Halicarnaſſe (*a*) & Ciceron (*b*) répondent à la queſtion : les Augures & les Aruſpices paroiſſoient quelquefois embarraſſés : il s'élevoit une ſédition, une armée avoit été battue, on voyoit des prodiges dif-ficiles à expliquer ; on avoit recours aux livres Sibyllins.

Il eſt étonnant que les Sibylles, (s'il y en a pluſieurs) étant nées dans la Grece pour la plupart, y aient conſervé ſi peu de crédit après leur mort. On oublia bientôt leurs prophéties, qui n'eurent plus d'in-

(*a*) Ibid.
(*b*) Cic. lib. 1. de divinat. pag. 1215.

fluence fur les affaires publiques.
Quatre mots de Ciceron n'éclairci-
roient-ils point ce nuage? *Nous
croyons*, dit-il, *aux vers qu'une
Sibylle en fureur a prononcés.* (a)
Cette fureur divine, ce trouble myftérieux frappoit les yeux des Grecs ;
ils en avoient befoin pour croire :
la Sibylle meurt, on ne voit plus le
merveilleux ; la foi le perd : mais ces
Sibylles mortes fuffifoient aux Romains, à qui le fanatifme n'étoit
pas fi néceffaire.

Fanatifme qui éclatoit encore dans
les prodiges que la Grece citoit.
Toute religion a les fiens : les peres
ont toujours vu, les enfants ne voient
rien ; mais ils font perfuadés comme
s'ils avoient vu. Les premiers Grecs
avoient vu les Dieux voyager, habiter parmi eux. Tantale les avoit
conviés à fa table, quantité de
beautés Grecques les avoient reçus
dans leur lit. Laomédon s'étoit fervi
une année entiere de Neptune &
d'Apollon pour bâtir les murs de

(a) Cic. lib 2. de divinat. pag. 1230.

Troye. Toute la Grece, sous le re-gne d'Erecthée, avoit pu voir Cérès cherchant sa fille Proserpine, & enseignant aux hommes l'agriculture. Jamais les Romains n'avoient eu les yeux si perçants : ils disoient que les Dieux résidoient toujours dans l'O-lympe, & que de-là ils gouver-noient le monde sans se faire voir. Espérons-nous, dit Ciceron, de ren-contrer les Dieux dans les rues, dans les places publiques, dans nos mai-sons ? s'ils ne se montrent pas, ils répandent par-tout leur puissance. (*a*) Les Pontifes n'avoient écrit qu'un petit nombre d'apparitions momen-tanées, comme celle qui étonna Posthumius dans le combat où il défit les Tarquins ; cette autre qui frappa Vatienus dans la voie Sala-rienne, & celle de Sagra dans le combat des Locriens, (*b*) Ceux qui

(*a*) Quid igitur expectamus? an dum in foro nobiscum dii immortales, dum in viisversentur, dum domi, qui quidem ipsi se nobis non offe-runt, vim autem suam longè latèque diffundunt. *Cic. lib.* 1. *de divinat.*

(*b*) Cic. lib. 3. de nat. Deor. pag. 1194.

les croyoient, les jugeoient très-rares, au lieu que la Grece étoit semée de monuments qui attestoient le commerce fréquent, long & visible des immortels avec les hommes. (a) Les yeux d'une Nation voient beaucoup moins, quand les imaginations ne s'échauffent pas : celles des Grecs s'enflammerent encore sur les merveilles que les Dieux opérerent par les héros. Deucalion, après un déluge, jeta des pierres derriere lui, & ces pierres se changerent en hommes pour repeupler la Grece. Hercule sépara deux montagnes pour ouvrir un passage à l'Océan. Cadmus tua un dragon, dont les dents semées dans la terre, produisirent une moisson de soldats: grand combat entre eux; il n'en resta que cinq, de qui les Spartiates se vantoient de descendre. Atlas avoit soutenu le ciel; un peuple impie fut changé en grenouilles, un autre en rochers. Les fastes de la religion Romaine, au lieu de ces sublimes

(a) Pausan. in Arcadicis, pag. 600.

extravagances, nous préſentent des voix formées dans les airs, des colonnes de feu qui s'arrêtent ſur des légions, des fleuves qui remontent à leur ſource, des ſimulacres qui ſuent, d'autres qui parlent, des ſpectres ambulants, des pluies de lait, de pierres & de ſang : (a) c'eſt ainſi que les Dieux annonçoient aux Romains leur protection ou leur colere. Ces prodiges, quoiqu'atteſtés par les hiſtoires, confirmés par les traditions, conſacrés par les monuments, enſeignés par les Pontifes, ſont, ſans doute, auſſi faux que les monſtrueuſes rêveries des Grecs ; mais il ne falloit pas tant de fanatiſme pour les croire. Concluons qu'en tout le merveilleux de la religion Romaine fut moins fanatique. Il reſte une derniere choſe à prouver.

QUATRIEME PARTIE.

Son culte fut plus ſage. Il conſiſtoit, comme dans la Grece, en

(a) Cic. lib. de divinat. pag. 1215.

fêtes, en jeux & en sacrifices. Les fêtes Grecques portoient une empreinte d'extravagance, qui ne convenoit pas à la sagesse Romaine. Ce n'étoit pas seulement dans les sombres retraites des oracles, c'étoit au grand jour, au milieu des processions publiques, qu'on voyoit des enthousiastes, dont le regard farouche, les yeux étincelants, le visage enflammé, les cheveux hérissés, la bouche écumante, passoient pour des preuves certaines de l'esprit divin qui les agitoit; & ce dieu ne manquoit pas de parler par leur bouche. On y voyoit de furieux Corybantes, qui, au bruit des tambours & des tymbales, dansant, tournant rapidement sur eux-mêmes, se faisoient de cruelles plaies pour honorer la mere des dieux. On y entendoit des gémissements, des lamentations, des cris lugubres; c'étoient des femmes désolées, qui pleuroient l'enlevement de Proserpine ou la mort d'Adonis.

La licence l'emportoit encore sur l'extravagance.

l'extravagance. Qu'on se repréſente des hommes couverts de peaux de bêtes, un thyrſe à la main, couronnés de pampres, échauffés par le vin, courant jour & nuit les villes, les montagnes & les forêts avec des femmes déguiſées de même, & encore plus forcenées : mille voix qui appelloient Bacchus, qu'on vouloit rendre propice par la débauche & la corruption. Croira-t-on qu'au milieu de cette pompe impure, on expoſoit à la vénération publique des objets qu'on ne ſauroit trop voiler, ces phalles monſtrueux qu'ailleurs le libertinage n'auroit pas regardés ſans rougir ? (a) Et Vénus, comment l'honoroit-on ? Amathonte, Cythere, Paphos, Gnide, Idalie, noms célebres par l'obſcénité : c'eſt là que les filles & les femmes mariées ſe proſtituoient publiquement à la face des autels. Celle qui eût conſervé un reſte de pudeur, auroit mal honoré la déeſſe. (b)

(a) Diodor. Sicul. lib. 1.
(b) Banier. tom. 2. pag. 165.

L

On célébroit à Rome les mêmes fêtes ; mais Denis d'Halicarnaffe, qui avoit vu les unes & les autres, nous affure que dans les fêtes Romaines, quoique les mœurs fuffent déja corrompues, il n'y avoit ni lamentations de femmes, ni enthoufiafmes, ni fureurs corybantiques, ni proftitutions, ni bacchanales. (*a*) Ces bacchanales s'étoient pourtant gliffées à Rome fous le voile du fecret & de la nuit ; mais le Sénat les bannit de la ville & de toute l'Italie. (*b*) Le difcours du Conful dans l'affemblée du peuple eft remarquable: Vos peres vous ont appris, dit-il, à prier, à honorer des dieux fages, non des dieux qui enforcelent les efprits par des fuperftitions étrangeres & abominables, non des dieux, qui avec le fouet des furies pouffent leurs adorateurs à toutes fortes d'excès. (*c*) On vouloit que le culte

(*a*) Dionyf. Hal. lib. 2. pag. 90.
(*b*) Senatufconfulto cautum eft ne qua Bacchanalia Romæ, neve in Italia effent. *Liv. l. 39. p. 4.*
(*c*) Hos effe deos quos colere, venerari, precarique majores veftri inftituiffent, non illos

portât un caractere de décence &
d'honnêteté, contre la coutume des
Grecs & des Barbares. (*a*) S'il falloit se relâcher en faveur des étrangers, on le faisoit avec précaution,
on leur permettoit d'honorer Cybele
avec les cérémonies Phrygiennes :
mais il étoit défendu aux Romains
de s'y méler ; & lorsque Rome célébroit cette fête, elle en écartoit toutes
les indécences & les vaines superſti-
tions. (*b*) Elle réprouvoit également
ces assemblées clandeſtines, ces veilles nocturnes des deux sexes, si uſi-
tées dans les temples de la Grece.
(*c*) Si elle autoriſa les myſteres secrets
de la bonne déeſſe, les matrones
qui les célébroient, n'y souffroient
les regards d'aucun homme : l'attentat
de Clodius fit horreur. Ces myſteres
si anciens, dit Ciceron. (*d*) qui se

qui pravis & externis religionibus captas men-
tes velut furialibus ſtimulis ad omne ſcelus,
& ad omnem libidinem agerent. *Livius, lib.*
39. *pag.* 14.

(*a*) Dionyſ. Hal. lib. 2. pag. 91.
(*b*) Ibid.   (*c*) Ibid.
(*d*) De Haruſpicum reſponſis, pag. 499.

célebrent par des mains pures, pour la prospérité du peuple Romain ; ces mysteres consacrés à une déesse dont les hommes ne doivent pas même savoir le nom ; ces mysteres enfin dont l'impudence la plus outrée n'osa jamais approcher, Clodius les a violés par sa présence. S'ils devinrent suspects dans la suite, ils ne l'étoient pas alors, & encore moins dans leur institution. De tout cela il resulte que les fêtes Romaines étoient plus sages que les fêtes Grecques.

Les jeux entroient dans les fêtes, ils tenoient à la religion : tels furent dans la Grece les jeux Olympiques, les Pythiques, les Isthimiques, les Néméens ; & à Rome les Capitolins, les Mégalenses, les Apolinaires, & nombre d'autres, tous dédiés à quelque divinité : ce n'étoient donc pas des jeux de pur amusement. La lutte, le pugilat, le pancrace, la course à pied, tout cela se faisoit pour honorer les dieux, & pour le salut du peuple : ce fut

une partie du culte; mais il paroît
un deffein formé chez les Grecs de
profaner le culte. Leurs athletes combattoient, couroient nuds. Qu'on
ne m'objecte pas la lutte décente
d'Ajax & d'Ulyffe aux funérailles
de Patrocle. (*a*) La loi de la nudité ne fut établie que dans la quinzieme olympiade. (*b*) Les femmes
étoient-elles admifes à ces fpectacles
indécents ? Paufanias dit, oui, (*c*)
& non (*d*). L'affirmative a plus de
vraifemblance ; car entrant dans le
détail, (ce qu'il fait quand il affir-
me) il ajoute que la Prêtreffe de
Cérès y avoit une place honorable,
& que l'entrée n'en étoit pas même
interdite aux vierges. Quelle apparence en effet qu'on eût voulu
exclure une moitié de la nation,
de ces jeux fi publics & approuvés
par les dieux ? Ce que la religion
confacre eft ordinairement commun à

(*a*) Iliad. lib. 23. pag. 407.
(*b*) Dionyf. Hal. lib. 7. pag. 475.
(*c*) Lib. 6. pag. 362.
(*d*) Lib. 5. pag. 297.

tous, & paroît toujours bien. Quoi qu'il en soit, les femmes à Rome pouvoient regarder les athletes, sans que leur vertu en fût alarmée; ils étoient couverts où la pudeur l'exigeoit. (a) Pudeur qui réforma encore les Lupercales, qu'on célébroit à l'honneur du dieu Pan. Evandre les avoit apportées de la Grece avec toutes leur indécence: des bergers nuds couroient lascivement çà & là, en frappant les spectateurs de leurs fouets. (b) Romulus habilla ses Luperques; les peaux des victimes immolées leur formoient des ceintures. (c)

Rome, il faut l'avouer, ne fut pas si sage dans les jeux Floraux.

(a) Dionyf. Hal. lib. 7. pag. 474.

(b) Livius. lib. 1. 5. Evandrum qui ex eo genere Arcadum multis ante tempeftatibus ea tenuerat loca folemnè allarum ex Arcadia, inftituiffe, ut nudi juvenes Lycæum Pana venerantes per lufum atque lasciviam currerent.

(c) Lupercalium mos à Romulo & Remo inchoatus eft . . . . cincti pellibus immolatarum hoftiarum, jocantes obviam petiverunt.
Valer. Max. XI. 2. 9.
& Dionyf. Hal. lib. 1. pag. 67.

On y voyoit des femmes nues, dont les attitudes étoient aussi lascives que les hymnes qu'elles chantoient. (a) Culte bien digne de la Déesse Flora, célebre courtisanne; mais enfin ces baladines impures, qu'on appelloit *mimes*, étoient des femmes publiques, *meretrices*, au lieu que dans la Grece, à Sparte, la févere Sparte, ce fut un point de l'éducation des filles, des honnêtes filles, de lutter & danser toutes nues à certaines fêtes solemnelles, avec de jeunes garçons dans le même état (b). Et Platon dans sa république, (c) avoit des raisons pour souhaiter que cette pratique fût générale. Ce vœu d'un Philosophe si grave, marque bien que les Grecs pensoient différemment des Romains sur la sagesse du culte. Le peuple Romain

(a) Celebrabantur Romæ ludi Florales cum omni lascivia, nam præter verborum licentiam quibus obscœnitas omnis effunditur, exuuntur etiam vestibus populo flagitante meretrices.

Lactant. l. 12.

(b) Plutarch. in Lycurg. pag. 47.
(c) Lib. 5.

L 4

ne franchit les bornes de la pudeur,
que dans les jeux Floraux; encore
en montre-t-il un reste, lorsque sous
les yeux de Caton, il n'osa pas demander la nudité des mimes. (a)
Caton se retira pour ne pas troubler
la fête.

Mais ce peuple ne garda aucune
mesure dans la cruauté qui ensan-
glanta ses jeux. On ne se rappelle pas,
sans frémir, ces gladiateurs animés
par les applaudissemens, acharnés à
s'arracher la vie, une plaie n'attendant pas l'autre, & le sang qui ruis-
seloit, demandant toujours du sang:
ou ces autres plus malheureux encore,
qui combattoient contre des tigres
& des lions, jusqu'au moment où
ils étoient mis en pieces. Tels furent
les jeux funéraires, où l'on faisoit
mourir les vivans pour honorer les
morts. Je sais que ces victimes infor-
tunées étoient, ou des criminels condamnés par les loix, ou des escla-

___

(a) Hos ludos spectante M. Porcio Catone,
populus, ut mimæ nudarentur, erubuit pos-
tulare. *Valer. Max. XI. 10. 8.*

ves qui avoient fui ; mais ce feroit mal juſtifier Rome, & ce n'eſt pas mon intention. La Grece n'admit ces terribles jeux, que lorſqu'elle fut tombée ſous la domination des Romains ; encore Athenes s'en défendit-elle. (*a*)

Remarquons cependant avec Servius, que la Grece avoit donné le ſignal de cette barbarie religieuſe ſous une autre forme : c'étoit la coutume dès les temps héroïques, d'égorger des captifs ſur les tombeaux des guerriers. Achille immola deux jeunes Troyens ſur le bûcher de Patrocle ; (*b*) & le pieux Enée, qui avoit les mœurs Grecques, (Virgile garde les coutumes) arroſe auſſi de ſang humain les cendres de Pallas. (*c*) L'hiſtoire ne marque pas poſitivement juſqu'à quel ſiecle fut pouſſé ce point de religion : les Romains voulurent le réformer. Faire périr un gladiateur par un autre, en donnant la vie

(*a*) Lucianus in vita demonaſta. p. 1014.
(*b*) Iliad. lib. 23. pag. 398.
(*c*) Æneid. lib. XI. v. 81.

L 5

& la liberté au vainqueur , ou encore commettre un homme avec un lion, leur parut moins atroce, que de l'égorger de sang froid , & avec des prieres sur un tombeau. (a)

Il est vrai du moins qu'il ne répandirent jamais le sang humain dans leurs sacrifices. Les sacrifices faisoient la partie la plus essentielle du culte. Ce ne fut pas une chose indifférente, lorsque les hommes s'aviserent d'égorger des animaux pour honorer la divinité, au lieu d'offrir simplement les fruits de la terre. Le sang des taureaux fit penser à plus d'un peuple, que le sang des hommes feroit encore plus agréable aux dieux. Si cette idée n'avoit saisi que des barbares, nous en serions moins surpris : les Grecs, dont les mœurs étoient si douces, s'y laisserent entraîner. Calchas, si nous en croyons Eschyle, (b) Sopho-

(a) Moris erat in sepulchris virorum fortium captivos necari ; quod postquam crudele visum est, placuit gladiatores ante sepulchra dimicare. *Servius , Æneid , pag.* 519.

(b) *Dans Agamemnon.*

cle *(a)* & Lucrece *(b)*, facrifia Iphi-
génie en Aulide. Homere n'en convient pas, puifqu'Agamemnon l'offre
en mariage à Achille dix ans après.
(c) Mais la coutume impie perce à
travers cette différence de fentiments.
Et l'hiftoire nous fournit d'ailleurs
des faits qui ne font pas douteux :
Lycaon, Roi d'Arcadie, immola un
enfant à Jupitèr Lycien, & lui en
offrit le fang. *(d)* Le nom de Cal-
lirhoë eft connu : le bras étoit levé,
elle expiroit, fi l'amoureux facrifica-
teur, en s'appliquant l'oracle, ne fe
fût immolé pour elle. *(e)* Ariftodeme
enfonça lui-même le couteau facré
dans le cœur de fa fille, pour fauver Meffene. *(f)* Et ce n'étoit point
là de ces fureurs paffageres, que les
fiecles ne montrent que rarement. L'A-

(a) *Dans Electre.*
(b) Aulide quo pacto triviaï virginis **aram**
Iphianaffaï turpârunt fanguine fœdè.
Ductores Danaüm.   *Lucrot. lib.* 1.
(c) Iliad. lib. 6.
(d) Paufan. in Arcadicis, pag. 600.
(e) Idem, in Achaïcis, pag. 575.
(f) Idem, in Meffeniacis, pag. 302.

chaïe voyoit couler tous les ans le sang d'un jeune garçon & d'une vierge, pour expier le crime de Ménalipus & de Cometho, qui avoient violé le temple de Diane par leurs amours. (a) Sparte appaisoit la même déesse par le retour annuel des mêmes horreurs. (b) Lucrece avoit-il tort de s'écrier : La religion a-t-elle pu conseiller de tels forfaits ? (c)

Je sais que Lycurge & d'autres législateurs abolirent ces sacrifices barbares, non sans s'exposer à des murmures. Rome n'eut pas la peine de les proscrire ; elle n'en offrit jamais. Dire que les Grecs étoient encore bien nouveaux, & peu policés, lorsqu'ils donnerent dans ces excès de religion, ce n'est pas les justifier : quoi de plus dur & de plus féroce que les Romains sous Romulus ? Cependant aucune victime humaine ne souilla leurs autels, & la suite de

(a) Pausan. in Achaïcis, pag. 571.
(b) Idem , in Laconicis , lib. 3.
(c) Tantum religio potuit suadere malorum.
Lucret. lib. 1. v. 102.

leur histoire n'en fournit point d'e-
xemple : au contraire , ils en marque-
rent une horreur bien décidée , lorfque dans un traité de paix ils exi-
gerent des Carthaginois , qu'ils ne
facrifieroient plus leurs enfants à Saturne , felon la coutume qu'ils en
avoient reçue des Phéniciens leurs
ancêtres. Néanmoins Lactance & Prudence au quatrieme fiecle viennent
nous dire , qu'ils ont vu de ces dé-
teftables facrifices dans l'Empire Romain ; fi c'eût été une continuation
des anciens , Tite-Live , Denis d'Halicarnaffe & les autres hiftoriens nous
en auroient montré quelque veftige ;
mais quand il y en auroit eu au
quatrieme fiecle, il ne feroit pas étonnant que dans une religion qui pé-
riffoit avec Rome , on eût introduit
des pratiques monftrueufes. Ce qui
en avoit le plus approché, c'étoient
ces dévouements religieux qui fe faifoient pour la patrie ; un guerrier
enthoufiafmé d'un pareil motif, un
Conful même après certaines cérémonies , des prieres & des impréca-

tions contre l'ennemi, se jettoit tête baissée dans le fort de la mêlée ; & s'il n'y périssoit pas, c'étoit un malheur qu'il falloit expier.

Ainsi périrent trois Decius, tous trois Consuls. Mais ce furent là des sacrifices volontaires, que Rome admiroit, & n'ordonnoit pas. Si elle enterra des vestales toutes vives, c'étoient des coupables qu'on punissoit suivant les loix, pour avoir violé leurs engagements. Elle pensa toujours que le sang des brebis, des boucs & des taureaux suffisoit aux dieux, & que celui des Romains ne devoit se verser que sur un champ de bataille, ou pour venger les loix.

C'est ainsi que Rome, en adoptant la religion Grecque, en réforma le culte, le merveilleux, les dogmes & les dieux mêmes.

AVERTISSEMENT.

ON donne tous les jours au public des Dissertations très-savantes que personne ne lit. J'ai cru qu'en dépensant moins en science, on gagneroit des Lecteurs. Ce but me paroît louable ; car pourquoi écrire si ce n'est pour instruire ? Et comment instruire, si on n'est pas lu ? Nous ne sommes plus dans le siecle des Vossius, des Huets, des Bocharts & des Kirchers. L'érudition, les recherches épineuses nous fatiguent, & nous aimons mieux courir légérement sur des surfaces, que de nous enfoncer pesamment dans des profondeurs. Comme la roue des sciences tourne aussi-bien que celle des Empires, peut-être le vieux goût reparoîtra-t-il : en attendant, soyons ce qu'il faut être.

J'aurois pu dans la premiere Dissertation sur le vieux mot de Patrie, en remontant des Romains aux Grecs, des Grecs aux Phéniciens, des Phéniciens aux Egyptiens, & des Egyptiens aux ouvriers de la tour de Babel avant la confusion des langues, j'aurois pu trouver la source du mot. Je me suis borné très-simplement à en déveloper le sens, & à montrer quelle influence il avoit sur les mœurs & sur le bonheur des nations qui l'ont bien entendu.

De même dans la seconde Dissertation sur la nature du peuple, peut-être ne m'eût-il pas été impossible, en pâlissant sur vingt volumes, de décider en quel temps & dans quel pays on a commencé à distinguer le peuple des honnêtes gens : si peuple vient de peupler, ou peupler de peuple ; si on peut dire, en conservant les graces de notre langue, que les honnêtes gens peuplent, j'aurois pu ajouter cent autres choses aussi savantes : je me suis contenté d'examiner tout bonnement, si le peuple est composé d'hommes, & s'il faut le traiter comme tel.

C'est une route aisée que j'ai voulu suivre en préférant toujours l'uni à l'escarpé, la plaine aux montagnes. Je me suis souvenu fort à propos d'une maxime moderne : Que le mieux est souvent le contraire du bien ; & d'une très-ancienne sentence d'Hésiode, qu'il est bien des cas où une moitié vaut mieux que le tout.

Si cette façon de disserter ne se fait pas lire, je conclurai pour ma gloire, (car les Auteurs n'ont jamais tort) que le genre dissertatif n'est pas fait pour la France, du moins pour la génération présente, & qu'il faut la reléguer en Allemagne.

DISSERTATION

SUR LE VIEUX MOT DE PATRIE.

ON reproche à notre langue de s'appauvrir en s'épurant : semblable à un diamant qui perdroit trop à la taille. Le reproche est peut-être fondé. Qu'est-ce que le mot *Patrie* avoit de bas ou de dur, pour le retrancher de la langue ? On ne l'entend plus, ou presque plus, ni dans les campagnes, ni dans les villes, ni dans la province, ni dans la capitale, encore moins à la cour. Les vieillards l'ont oublié, les enfants ne l'ont jamais appris. Je le cherche dans cette foule d'écrivains, qui nous inf-truifent de ce que nous favons déja, & je ne le trouve que dans un très-petit nombre de Philofophes, qui fe font cuiraffés contre les ridicules. Un galant homme ne l'écrira pas; ce feroit bien pis s'il le prononçoit. J'interroge ce citoyen qui marche toujours armé : Quel eft votre emploi ? *Je fers le Roi*, me dit-il ? pourquoi pas la *Patrie* ? Le Roi lui-même eft fait pour la fervir. Je parle gaulois, très-gaulois. Si ce mot, autrefois fi ufité, échape encore, ce n'eft qu'en peignant les mœurs anciennes, ou pour défigner le lieu où l'on eft né: les occafions en font rares ; elles feroient très-fréquentes pour des citoyens qui fentiroient bien la valeur du terme.

La révolution des chofes n'eft pas plus grande que celle des mots. Quelle fortune n'avoit pas faite celui-ci chez les Grecs & les Romains, deux nations qui fe piquerent autant de poli-teffe dans le langage que dans les mœurs ? C'étoit un des premiers mots que les enfants bégayoient, c'étoit l'ame des conversations & le cri de guerre ; il embellissoit la poësie, il échauffoit les Orateurs, il présidoit au Sénat, il retentissoit au théatre & dans les assemblées du peuple, il étoit gravé sur les monumens publics. Rome l'avoit reçu d'Athenes, & lui conserva toute sa gloire : Rome nous l'a transmis, Πατρίς, *patria, patrie*. Nos aïeux en firent grand usage : ces Francs de la premiere race, tout barbares qu'ils étoient, le prononçoient souvent dans leurs assemblées au champ de Mars : eh ! quel autre mot y seroit venu plus naturellement, tandis que, de concert avec le Souverain, on faisoit des loix, on décidoit de la paix & de la guerre, on partageoit les dépouilles de l'ennemi, on régloit les contributions, on balançoit tous les intérêts publics ? Les siecles suivants l'employerent avec une ardeur égale. Charlemagne, Charles V. Louis XII. Henri IV. ces peres de la patrie, en écrivoient le mot dans tous les cœurs, & le plaçoient dans toutes les bouches. Je le trouve encore sous Louis XIII. dans les cahiers des derniers États généraux ; il s'est perdu sous le ministere du Cardinal de Richelieu. Il est étonnant que le Fondateur de l'Académie Françoise , qui devoit aimer les mots énergiques , les beaux mots , ait laissé périr celui-ci. Colbert étoit bien fait pour le rétablir , mais il se méprit. Il crut que *Royaume & Patrie* signifioient la même chose.

On dit donc aujourd'hui le *Royaume* , *l'État* , *la France* , & jamais *la Patrie.* Je demande d'abord lequel de ces quatre termes flatte plus l'oreille & le cœur. *La France* ne présente à l'esprit qu'une portion de la terre divisée en tant de provinces, arrosée de tant de fleuves. *L'État* ne dit autre chose, qu'une société d'hommes qui vivent sous un gouvernement quelconque, heureux ou malheureux; *Royaume* signifie (je ne dirai pas ce que disoient ces Républicains outrés, qui firent anciennement tant de bruit

dans le monde par leurs victoires &
leurs vertus) un tyran & des esclaves ;
disons mieux qu'eux, un Roi & des
Sujets. Mais la *patrie*, qui vient du mot
pater, exprime un pere & des enfants.
C'est ce mot que Ciceron, cet orateur si habile dans le choix des mots,
trouvoit si humain, si tendre, si
harmonieux, qu'il le préféroit à tout
autre, lorsqu'il parloit des intérêts
publics. Cependant notre langue le
perd : j'en cherche la cause ; je crois
la deviner. Nous avons oublié l'idée
qui fut attachée à ce grand mot. Tout
mot représente une idée : si l'idée
s'affoiblit, si elle s'efface, le mot ne
vient plus se placer sur la langue. Il
s'agit donc ici de ressusciter l'idée
pour rétablir le mot.

Qu'est-ce que la patrie ? Je le demande aux dictionnaires de la langue,
& ils me répondent, que *c'est le pays
où l'on a pris naissance*. Froide défi-
nition ! Un pays qui n'auroit que ce
rapport unique avec ses habitants, mé-
riteroit-il le nom de patrie ? Les
Gracques, les Scipions sous la tyran-

nie de Caligula, auroient-ils regardé Rome comme leur patrie ? Nos dictionnaires vont plus loin, ils citent des phrases où ce terme est employé; en voici quelques-unes : *L'amour de la patrie est une passion rarement fine & ingénieuse. L'amour de la patrie est une fureur qui ne laisse rien aux mouvements de la nature. La patrie est une vision. Les anciens étoient fortement infatués de l'amour de leur patrie.*

Je ne suis plus surpris qu'un mot qu'on nous donne comme l'expression d'une passion stupide ou furieuse, comme une vision, un fantôme ridicule, ait pris congé d'une nation aussi sensée que la nôtre, & que nous l'ayions rélégué dans les rêveries des anciens. Il n'est pas difficile de répondre à ces contre-sens. *L'amour de la patrie est une passion rarement fine & ingénieuse.* Il est bien question de finesse & de bel esprit quand on parle de patrie ! Brutus, en donnant une patrie aux Romains, n'employa que la sagesse & le courage. *L'Amour de la patrie est une fureur qui ne laisse rien aux mouvements de la nature.* Ce même Brutus, il est vrai, fit couper la tête à ses fils ; mais cette action ne paroît dénaturée qu'aux ames foibles: sans la mort des deux traîtres, la patrie expiroit au berceau. *La patrie est une vision.* Pour qui ! pour ces ames frivoles qu'une chanson amuse, qu'une mode extasie. *Les anciens étoient infatués de l'amour de leur patrie.* J'aimerois autant qu'on me dît, que les enfants sont infatués de l'amour de leur mere. Les anciens ne faisoient point de dictionnaires ; mais leurs ouvrages en ont fourni la matiere. Consultons-les, & nous apprendrons le vrai sens du mot *patrie.* Sens magnifique, sans doute ; car on y lit qu'il n'y a rien de si aimable, de si sacré que la patrie ; qu'on se doit tout entier à elle ; qu'il n'est pas plus permis de s'en venger, que de son pere ; qu'il ne faut avoir d'amis que les siens ; que de tous les augures, le meilleur est de combattre pour elle, qu'il est beau, qu'il est doux de mourir pour la conserver ;

que le ciel ne s'ouvre qu'à ceux qui l'ont servie. Ainsi parloient les Magistrats, les Guerriers & le Peuple. Quelle idée se formoient-ils donc de la patrie ?

La patrie, disoient-ils, est un vaste champ où chacun peut moissonner selon ses besoins & son travail. C'est une terre que tous les habitants sont intéressés à conserver, que personne ne veut quitter, parce qu'on n'abandonne pas son bonheur, & où les étrangers cherchent un asyle. C'est une nourrisse qui donne son lait avec autant de plaisir qu'on le reçoit. C'est une mere qui chérit tous ses enfants, qui ne les distingue qu'autant qu'ils se distinguent eux-mêmes, qui veut bien qu'il y ait de l'opulence & de la médiocrité, mais point de pauvres ; des grands & des petits, mais personne d'opprimé ; qui même dans ce partage inégal, conserve une sorte d'égalité, en ouvrant à tous le chemin des premieres places ; qui ne souffre aucun mal dans sa famille, que celui qu'elle ne peut empêcher,

la

la maladie & la mort ; qui croiroit n'avoir rien fait en donnant l'être à ses enfants, si elle n'y ajoutoit le bien-être. C'est une puissance aussi ancienne que la société, fondée sur la nature & l'ordre ; une puissance supérieure à toutes les puissances qu'elle établit dans son sein, *Archontes*, *Suffetes*, *Ephores*, *Consuls* ou *Rois* ; une puissance qui soumet à ses loix ceux qui commandent en son nom, comme ceux qui obéissent. C'est une divinité qui n'accepte des offrandes que pour les répandre, qui demande plus d'amour que de respect, plus d'attachement que de crainte, qui sourit en faisant du bien, & qui soupire en lançant la foudre.

Telle est la patrie. Un mot si beau, je le demande aux deux regles vivantes de la langue, *à l'Académie & à la Cour :* je le demande encore à nos jeunes Auteurs, qui aiment tant les mots, un mot si magnifique doit-il être oublié ? doit-il être proscrit ? Si nous vivions sous le despotisme oriental, où l'on ne connoît d'autres

M

loix que la volonté du Souverain, d'autres maximes que l'adoration de ses caprices, d'autres principes du gouvernement que la terreur, où aucune fortune, aucune tête n'est en sûreté ; comme nous n'aurions point de patrie, nous serions excusables d'en ignorer le nom. Les Romains, qui en avoient une, vouloient y associer tous les peuples, en renversant tous les trônes de l'Orient & de l'Occident. Lorsque les Grecs vainquirent les Perses à Salamine, on entendoit d'un côté la voix d'un maître impérieux, qui chassoit des esclaves au combat, & de l'autre, le mot de *patrie*, qui animoit des hommes libres. La Grece commença à l'oublier sous le joug de Philippe. Rome, qui l'avoit prononcé si souvent & si long-temps, l'oublia tout-à-fait sous Tibere ; & comment s'en seroit-elle souvenue ? On voyoit le brigandage uni avec l'autorité, le manege & l'intrigue disposer de tout, toutes les richesses dans les mains d'un petit nombre, un luxe excessif insulter à l'extrême

pauvreté, le laboureur ne regarder
son champ que comme un prétexte
à la vexation, chaque citoyen réduit
à oublier le bien général pour ne
s'occuper que du sien. Tous les principes du gouvernement étoient corrompus, toutes les loix plioient au
gré du Souverain. Plus de force dans
le Sénat, plus de sûreté pour les
particuliers : des Sénateurs qui auroient voulu défendre la liberté publique, auroient risqué la leur. Ce
n'étoit plus qu'une tyrannie sourde,
exercée à l'ombre des loix, & malheur à qui s'en appercevoit : représenter ses craintes, c'étoit les redou-
bler. Tibere, endormi par les plaisirs
dans son Isle de Caprée, laissoit faire ;
& Séjan, ministre bien digne d'un
tel maître, fit tout ce qu'il falloit pour
anéantir la patrie.

Dans une position si triste, les
Romains pouvoient-ils conserver un
mot qui n'avoit plus d'application ?
Mais nous, qui nous vantons d'être
heureux, nous, qui nous préférons à des
nations voisines, chez qui le mot

Patrie eſt en ſi grand honneur, rétabliſſons ce mot, qui eſt la véritable expreſſion du bonheur, & qui juſtifiera cette préférence.

Ce rétabliſſement n'eſt pas un petit ouvrage. Ménage créa le mot *Vénuſté*, qui expira ſur ſes levres. L'Empereur Claude ne put pas venir à bout d'introduire une ſeule lettre dans l'alphabet. Les mots ſe perſuadent ; on ne les commande pas. Dans le zele qui m'anime, j'ai fait des épreuves ſur des ſujets de tous les ordres : Citoyens, ai-je dit, prononçons le mot *Patrie*. L'homme du peuple a pleuré, le Magiſtrat a froncé le ſourcil en gardant un morne ſilence, le militaire a juré, le courtiſan m'a perſiſté, le financier m'a demandé ſi c'étoit le nom d'une nouvelle ferme. Pour les gens de religion, qui, comme Anaxagore, montrent le ciel du bout du doigt quand on leur demande où eſt la patrie, il n'eſt pas étonnant qu'ils n'en fêtent point ſur cette terre.

Voilà de grandes difficultés ; mais

elles ne font pas invincibles : elles étoient plus grandes lorfque Trajan monta fur le trône. Six tyrans également cruels, prefque tous furieux, fouvent imbécilles, avoient anéanti le mot *Patrie*; les regnes de Titus & de Nerva furent trop courts pour le remettre en vogue. Trajan, qui aimoit avec paffion tous les mots qui expriment le contentement du cœur, tels que ceux de joie, de plaifir, de bonheur, de reconnoiffance, & fur-tout celui de *Patrie*, projetta de le rétablir. Voyons comment il s'y prit.

Il débuta par dire à Saburanus, Préfet du prétoire, en lui donnant la marque de cette dignité, (c'étoit une épée) *Prends ce fer pour l'employer à me défendre, fi je gouverne bien la Patrie; ou contre moi, fi je me conduis mal.* Il étoit sûr de fon fait. Il refufa les fommes que les nouveaux Empereurs recevoient des villes, il diminua confidérablement les impôts, il vendit une partie des maifons impériales au profit de l'Etat, il fit des largesses à tous les pauvres citoyens, il empêcha les riches de s'enrichir à l'excès, & ceux qu'il mit en charges, les quêteurs, les préteurs, les proconsuls, ne virent qu'un seul moyen de s'y maintenir, s'occuper du bonheur des peuples. Il ramena l'abondance, l'ordre & la justice dans les provinces & dans Rome, où son palais étoit aussi ouvert au public que les temples, surtout à ceux qui venoient représenter les intérêts de la *Patrie*. Ce mot, si long-temps oublié, rentra bientôt dans le commerce.

Mais quand on vit le maître du monde se soumettre aux loix, rendre au Sénat sa splendeur & son autorité, ne rien faire que de concert avec lui, ne regarder la dignité impériale que comme une simple magistrature comptable envers la Patrie, enfin le bien présent prendre une consistance pour l'avenir, alors on ne se contint plus sur le mot *Patrie*. Les femmes se félicitoient d'avoir donné des enfants à la patrie, les jeunes gens ne parloient que de l'illuſtrer, les vieillards reprenoient des forces pour la ſervir : tous s'écrioient, heureuſe patrie ! glorieux Empereur ! tous par acclamation donnerent au meilleur des Princes un titre qui renfermoit tous les titres, *Pere de la Patrie.*

Il n'en eſt pas du mot *Patrie*, comme des autres termes que des Grammairiens font paſſer dans le diſcours. Pour donner vogue à celui-ci, il faut des Grammairiens d'état, un Chancelier de l'Hôpital, un Sulli, un Cardinal d'Amboiſe ; tous ceux en un mot qui exercent l'autorité ſous un bon maître, y feroient plus que tous les arbitres de la langue.

Il y avoit chez les Grecs & les Romains, des uſages qui rappelloient ſans ceſſe l'idée de la patrie avec le mot : des couronnes, des triomphes, des ſtatues, des tombeaux, des oraiſons funebres, c'étoient autant de reſſorts pour le patriotiſme. Il y avoit encore des ſpectacles vraiment publics, où tous les ordres raſ-

semblés se délassoient, se réjouis-
soient en commun, des tribunes où
la patrie, par la bouche des Orateurs, consultoit avec ses enfants sur
les moyens de les rendre heureux &
glorieux.

De tout cela nous n'avons retenu
que les oraisons funebres ; encore faut-
il être né avec un très-grand nom, ou
avoir occupé une très-grande place
pour avoir des vertus après sa mort.
Tous nos autres discours ne roulent
que sur des points de science ou
d'histoire, qui restent souvent aussi
douteux après que le discoureur a
parlé. Cette éloquence ne seroit-elle
pas mieux employée à remercier,
à louer publiquement, au nom de
la patrie, quiconque se seroit distin-
gué dans les arts, dans le commerce,
dans la guerre, dans la magistrature, dans la politique ? L'Orateur
de la patrie, en célébrant les grands
talents, les grandes vertus, formeroit
des citoyens. Qu'on ne me vante point
un grand nom ; il est très-petit, si
celui qui le porte est inutile à l'État.

Ce qui nous manque, c'est de penser en commun. Si dans une nation on voyoit comme deux nations, la premiere remplie de richeſſes & d'orgueil, la ſeconde de miſeres & de murmures, l'une ſe croyant heureuſe vis-à-vis du malheur de l'autre; ſi on y voyoit deux partis s'attaquer, ſe pourſuivre ſans ceſſe, avec le flambeau de la religion, on n'y entendroit pas le mot *patrie*. Nous ne le rappellerons qu'en ramenant ſans ceſſe les citoyens du bien particulier au bien général, de leurs maiſons à la patrie; on ne ſauroit même s'y prendre trop tôt. On a grand ſoin dans les écoles publiques de parler aux enfants, de Dieu & du Roi ; mais on ne leur dit pàs que Dieu eſt le créateur de la patrie, & que le Roi en eſt le pere. Pourquoi ne pas inculquer à ce jeune homme qui prend l'épée *pour faire ſon chemin*, qu'il fera quelque choſe de mieux, *le bien public ;* & à cet autre qu'on éleve pour juger les citoyens, que la patrie le jugera ? Si dans ces maiſons où l'on forme

M 5

des Miniſtres pour la religion, on leur diſoit qu'ils ſont à la patrie avant que d'être aux autels, penſe-t-on que les autels en ſeroient moins bien ſervis ? Il faudroit même inſtruire, fortifier ce ſexe qui ne ſe croit fait que pour plaire : les femmes Spartiates vouloient plaire auſſi ; mais elles comptoient frapper plus ſûrement au but en mêlant le zele de la patrie avec les graces. *Va, mon fils*, diſoit l'une, *arme-toi & ne reviens qu'avec ton bouclier ou ſur ton bouclier*, c'eſt-à-dire vainqueur ou mort. *Conſole-toi,* diſoit une autre au ſien, *de la jambe que tu as perdue ; tu ne feras pas un pas qui ne te faſſe ſouvenir que tu as défendu la Patrie* ; & après la bataille de Leuctres, toutes les meres de ceux qui avoient péri en combattant, ſe félicitoient mutuellement, tandis que les autres pleuroient ſur leurs fils qui revenoient vaincus ; elles ſe vantoient de faire des hommes, pourquoi ? Parce que dans le berceau même elles leur montroient la patrie comme leur premiere mere. Si on veut avoir des citoyens, aucun mot ne doit être plus souvent répété aux enfants que celui de patrie.

Mais ce ne seroit pas assez de le rétablir, il faut en connoître l'usage. Brutus l'employa pour chasser les tyrans, Valerius Publicola pour rendre le Sénat plus populaire, Menenius Agrippa pour ramener le peuple du mont sacré dans le sein de la république, Veturie, (car les femmes à Rome comme à Sparte, étoient citoyennes) Veturie pour désarmer Coriolan son fils, Manlius, Camille, Scipion, Pompée, pour vaincre les ennemis du nom Romain, les deux Catons pour conserver les loix & les anciennes mœurs, Ciceron pour effrayer Antoine & foudroyer Catilina.

Les Grecs, avant les Romains, l'avoient employé pour leur bonheur & pour leur gloire. Solon, Miltiade, Thémistocle, Aristide le faisoient retentir dans toutes les grandes occasions. Quand Démosthene parloit de la patrie, Athenes étoit toute oreilles. C'étoit le grand mot de tous les grands hommes dans l'une & l'autre république.

On eût dit que ce mot renfermoit une vertu fecrette, non-feulement pour rendre vaillants les plus timides, felon l'expreffion de Lucien, mais encore pour enfanter des Héros dans tous les genres, pour opérer toutes fortes de prodiges. Difons mieux : il y avoit dans ces ames Grecques & Romaines, des vertus qui les rendoient fenfibles à la valeur du mot. Je ne parle pas de ces petites vertus qui nous attirent des louanges à peu de frais dans nos fociétés particulieres; j'entends ces qualités citoyennes, cette vigueur de l'ame qui nous fait faire & fouffrir de grandes chofes pour le bien public. Fabius eft raillé, mé-prifé, infulté par fon collegue & par fon armée : n'importe, il ne change rien dans fon plan, il temporife encore, & il vient à bout de ré-primer Annibal. Thémiftocle, dans un confeil de guerre, voit la canne d'Euribiade levée fur lui ; il ne fe venge que par ces trois mots, *frappe, mais écoute.* Ariftide, après avoir dif-posé long-temps des forces & des finances d'Athenes, ne laiffe pas de quoi fe faire enterrer. Regulus, pour conferver un avantage à Rome, dif-suade l'échange des prifonniers, pri-fonnier lui-même, & il retourne à Carthage, où les fupplices l'attendent. Les deux Gracques, après avoir tout facrifié au bonheur du peuple, lui donnent leur tête pour dernier pré-fent. Trois Decius fignalent leur con-fulat, en fe dévouant à une mort certaine. Tant que nous regarderons ces généreux citoyens comme d'il-luftres fous, leurs actions comme des vertus de théatre, la patrie fera mal placée dans nos bouches.

Jamais, peut-être, on n'entendit ce beau mot avec plus de refpect, plus d'amour, plus de fruit, qu'au temps de Fabricius. Chacun fait ce qu'il dit à Pyrrhus : *Gardez votre or & vos honneurs ; nous autres Ro-mains, nous fommes tous riches, parce que la patrie l'eft pour nous : nous fommes tous grands, parce que la patrie, pour nous élever aux grandes places, ne nous demande que du mérite.* Mais chacun ne fait pas que mille autres l'auroient dit. Ce ton patriotique étoit le ton général dans une ville où tous les ordres étoient vertueux ; voilà pourquoi la ville parut à Cyneas, l'ambassadeur de Pyrrhus, comme un temple , & le Sénat une assemblée de Rois.

Les choses changerent bien avec les mœurs vers la fin de la République. On ne connut plus le mot *Patrie*, que pour l'anéantir , ou pour le profaner. Catilina & ses furieux complices destinoient à la mort quiconque le prononçoit encore en Romain : Crassus & César ne s'en servoient que pour voiler leur ambition, & pour séduire ; & lorsque dans la suite ce même César , en passant le Rubicon , dit à ses soldats qu'il alloit venger les injures de la patrie, il abusoit évidemment du mot.

Ce n'étoit pas en soupant comme Crassus, en bâtissant comme Lucullus , en se prostituant à la débauche commé Claudius, en pillant les provinces comme Verrès, en formant des projets de tyrannie comme Céfar, en flattant Céfar comme Antoine, qu'on apprenoit à aimer la patrie.

Un Milord, auffi connu par les lettres que par les négociations, a écrit quelque part, que dans fon pays l'hofpitalité s'eft changée en luxe, le plaifir en débauche, les Seigneurs en courtifans, les bourgeois en petits-maîtres. S'il en eft ainfi, j'annonce à ce pays que bien-tôt on n'y entendra plus la voix de la patrie. Des citoyens corrompus font toujours préts à la déchirer.

La patrie reffemble à une étoffe: (je demande pardon au monde poli de la comparaifon, qui auroit peut-être paffé dans les beaux jours d'Athenes) la patrie, dis-je, reffemble à une grande piece d'étoffe, affez grande pour couvrir tout un peuple. Les petites tailles compofent la foule modefte ; mais viennent des Géants avec de grand noms, de grands titres, de grandes prétentions, fe jetter fur l'étoffe, & ils en emportent des morceaux beaucoup plus grands que leurs besoins, tandis que la multitude reste nue, exposée à toutes les injures de l'air. Est-ce là ce que promettoit la patrie ?

Je n'irai pas dire aux grands, aux puissans de la nation que nous sommes tous freres : cette grossiéreté évangélique n'est placée que dans la chaire; mais je leur dirai, que s'ils peuvent rire tandis que les autres pleurent; que si les forts ne portent pas les foibles, le mot *Patrie* devient nul. Ames frivoles, ames basses, caracteres durs, naturels avides, injustes, violents, vous, sur-tout, qui abusez de l'autorité, ne vous avisez pas de le prononcer; cette expression n'est pas faite pour vous.

Il est deux ordres qui paroissent en connoître l'usage, les dépositaires des loix, & les gens de lettres. Mais dans les premiers cette connoissance restera sans effet, si le juge n'est pas aussi sage ; & dans bien des cas, plus humain que la loi, qui n'a pas tout prévu, j'avertis encore les seconds qu'ils doivent s'occuper bien plus à donner des mœurs à leur patrie, comme firent Socrate, Platon, Pithagore, Epictete & Seneque, qu'à des spéculations de bel esprit. On fent en lisant *l'Esprit des Loix*, que l'Auteur eft animé de ce feu patriotique qui échauffa Rome & Athenes.

Faudra-t-il toujours recourir aux Grecs & aux Romains pour trouver des modeles? Ayons l'ame auffi belle, auffi noble, auffi grande, auffi fiere, le cœur auffi plein des droits du genre humain, & le mot *Patrie* fera fur nous la même impreffion qu'il faifoit fur eux.

La terre que nous habitons, égale l'Italie, & furpaffe la Grece: des campagnes fertiles, un peuple laborieux, un ciel favorable, des fleuves & des mers, un commerce étendu, tous les arts utiles & agréables. Que de biens au-delà de nos befoins! Que cherchons-nous pour dire que nous avons une patrie? Les Suiffes, au milieu de leurr rochers, fe vantent

d'en avoir une. Si on a la chofe,
pourquoi ne pas avoir le mot ?

DISSERTATION
SUR LA NATURE DU PEUPLE.

J'Ai cru jufqu'à ce jour que le
peuple avoit part à la nature humaine. La réflexion donne des doutes,
& ce que je regardois comme une
vérité inconteftable, devient un pro-
blême à réfoudre. Mais avant que
de traiter la queftion, prenons le
peuple où il eft. Le peuple fur autrefois la patrie la plus utile, la plus
vertueufe, & par conféquent la
plus refpectable de la nation. Il étoit
compofé de cultivateurs, d'artifans,
de négociants, de financiers, de gens
de lettres, & de gens de loix. Les
gens de loix ont cru qu'il y avoit
bien autant de gloire à rendre la
juftice aux hommes, qu'à les tuer, &
ils fe font ennoblis fans le fecours de
l'épée. Les gens de lettres, à l'exemple d'Horace, ont regardé le peu-

ple comme profane, & ils lui ont tourné le dos. Les financiers ont pris un vol si élevé, qu'ils se font violence pour n'être qu'au niveau des grands. Il n'y a plus moyen de confondre les négociants avec le peuple, depuis qu'ils rougissent de leur état, & qu'ils en sortent, même avant que d'en sortir. Il ne reste donc dans la masse du peuple que les cultivateurs, les domestiques & les artisans ; encore ne sais-je si on doit y laisser cette espece d'artisans maniérés, qui travaillent le luxe : des mains qui peignent divinement une voiture, qui montent un diamant au parfait, qui ajustent une mode supérieurement, ne ressemblent plus aux mains du peuple. Le peuple ainsi réduit, ne laisse pas d'être encore la partie la plus nombreuse, peut-être même la plus nécessaire de la nation ; & sous ce double point de vue, il vaut bien la peine qu'on discute sa nature. Est-il composé d'hommes ?

Tous les Philosophes conviennent que le caractere qui distingue l'homme de la bête, c'est la raison. Guidé par ce principe, je contemple le peuple, & j'examine d'abord sa façon d'exister. Il habite sous le chaume, ou dans quelque réduit que nos villes lui abandonnent, pace qu'on a besoin de sa force. Il se leve avec le soleil, & sans regarder la fortune qui rit au-dessus de lui, il prend son habit de toutes les saisons, il laboure nos terres, il cultive nos jardins, il fouille nos mines & nos carrieres, il desseche nos marais, il nettoie nos rues, il bâtit nos maisons, & fabrique nos meubles. La faim arrive, tout lui est bon. Le jour finit, il se couche durement dans les bras de la fatigue. Tels les animaux que nous avons civilisés, le bœuf & le cheval se livrent à tous les travaux que nous leur imposons, sans nous demander autre chose que la nourriture & le couvert. Est-ce là de la raison ?

Passons pardessus la Bourgeoisie, où elle ne fait que naître, & observons-la sur ce théatre de gloire, où fes traits font plus marqués Elle fe loge fous de riches platfonds, elle appelle l'or & la foie pour filer fes vêtemens, elle refpire des parfums, elle cherche l'appétit dans les ragoûts; le repos fuccédant à l'oifiveté, elle s'endort fur le duvet. L'inftinct ne connoît que le néceffaire. La raifon s'attache au fuperflu ; elle calcule tous les degrés de confidération qui peuvent en fortir, tant d'un habit de goût, tant d'un meuble élégant, tant d'un équipage lefte. Rien ne lui échappe, ni les fleurs d'Italie, ni les fapajoux de l'Amérique, ni les figures Chinoifes, & par les infiniment petits elle va au grand.

L'inftinct fe reffemble toujours. Il y a bien des fiecles que le ver à foie tiffe, & que le caftor bâtit. Le peuple dans fes atteliers fait aujourd'hui ce qu'il faifoit hier. La raifon a une autre marche : voyez cet homme qui en a pour quatre, & de la fortune pour cent, comme il varie fes occupations ! Il réforme un vernis, il perfectionne un luftre, il invente une mode, il reçoit l'encens d'un auteur, il forme une actrice, il arrange une fête, il repréfente à table. Tantôt il paffe en revue fa livrée, tantôt il donne de nouveaux noms à fes voitures. Aujourd'hui il fe livre à un cocher fougueux pour effrayer les paffants; demain il fera cocher lui-même pour les faire rire.

Le peuple eft voué à l'inftinct jufques dans fes intérêts les plus chers. Lucas époufe Colette, parce qu'il l'aime; s'il avoit de la raifon, il préféreroit Mathurine, qui lui apporteroit une piece de terre plus grande. Colette donne fon lait à fes enfants; fi elle connoiffoit le prix de la fraîcheur & du repos, elle fe contenteroit d'être mere. Ils grandiffent, & Lucas, en ouvrant la terre devant eux, leur apprend à la cultiver; un peu de reflexion fur les miferes de cet état, & il leur diroit: *Mes enfants, faites toute autre chofe.* Ce pere automate meurt, & il leur laiffe fon champ à partager également; avec des lumieres il l'eût laiffé tout entier à l'aîné.

Plus j'approfondis, moins j'apperçois de raison dans le peuple. A-t-il des vertus ? Je n'ai point encore lu de panégyrique d'un laboureur, comme on n'en fait point du bœuf, qui a tracé des sillons avec lui. Mais quoi ! le peuple ne montre-t-il pas de la patience ? Il souffre la faim, le chaud, le froid, la hauteur des grands, l'insolence des riches, le brigandage des traitants, le pillage des commis, le ravage même des bêtes fauves, qu'il n'ose écarter de ses moissons, par respect pour les plaisirs des puissants. Il est très-patient, je l'avoue, pourvu qu'on m'accorde que la patience est la vertu des animaux les plus lourds. Le peuple peut avoir des qualités ; mais si quelqu'un s'obstinoit à lui attribuer des vertus, qu'il convienne, du moins, que ce ne sont pas des vertus réfléchies, les seules qui prouvent la raison. Si le peuple est sobre, juste, fidele, religieux, il est tout cela sans faire attention à ce qui lui en reviendra. Ce n'est pas ainsi que s'arrangent ceux qui sont vertueux avec connoiſſance de cauſe. On examine bien ſérieuſement ce qu'on fera de ſa tempérance , de ſa juſtice , de ſa fidélité, de ſa religion. Ces vertus ſe-mées dans un bon temps, rapporteront-elles un bon gouvernement ou une mitre? Chacun ſait que dans les dernieres années du regne de Louis XIV. toute la cour étoit dévote. L'auteur d'un très-bon livre ſur le commerce demande , pourquoi il n'y a point de prix pour un laboureur qui a cultivé plus d'arpents, pour un manufacturier qui a fabriqué une meilleure étoffe ? La réponſe eſt facile : c'eſt que le peuple n'eſt pas plus ſuſceptible d'émulation que les animaux : Caligula , en faiſant ſon cheval conſul , ne le rendit pas meilleur. La politique fait bien ce qu'elle fait.

Si la nature humaine ne ſe montre pas dans les qualités du peuple, elle paroît encore bien moins dans ſes vices ; au lieu que les vices des honnêtes gens portent une empreinte de raiſon, qui décele des hommes. Un artiſan eſt-il fâché contre ſa
femme ?

femme ? il la bat, & continue de vivre avec elle ; c'eſt un cerf qui mal-traite ſa biche, & la mene au ga-gnage: mais *Monſieur* eſt-il mécontent de *Madame* ? il la conduit décem-ment à une ſéparation en bonne juſ-tice. Un cocher, comme un ſanglier qui donne à la vigne, s'enivre d'un vin dur, qui ſent encore le preſſoir : ſon maître laiſſe repoſer ſa raiſon dans des vins délicieux & des liqueurs divines ; il a commenté le roman du jour, il a perſiſté dans pluſieurs cer-cles, il a décidé dans trois moitiés de ſpectacle : on ne ſauroit toujours penſer. Un voleur du peuple, ſem-blable à un tigre qui cherche ſa proie, vous demande bruſquement la bourſe, & on le voit bientôt à la Greve : un honnête homme ſait bien qu'il faut avoir un titre, un emploi ou une charge pour voler, & il fait bonne figure. Attaquez un individu du peu-ple, il ſe jette brutalement ſur vous avec les armes de la nature, comme un lion bleſſé qui ſe ſert de ſes dents & de ſes griffes : un être qui penſe,

N

l'épée à la main, vous tue dans toutes les regles de l'art & de l'honneur.

Ces réflexions & beaucoup d'autres semblables, ébranlent ma foi à l'humanité du peuple ; mais une nouvelle considération me fait presque rougir d'y avoir cru. La plus belle, la plus noble partie de l'Etat, celle qui réunit l'esprit aux richesses & à la grandeur, n'y croit pas : qui suis-je pour contredire ? Son jugement est écrit dans ses procédés avec le peuple. On a des porteurs comme on a des mulets. Le fouet est toujours levé sur un animal rétif : quel est le galant homme qui n'emploie pas sa canne sur un faquin, lorsque l'occasion le demande ? Un seigneur élégant pousse devant son carrosse un coureur & un chien. Dans une chasse il paroît assez égal de crever un cheval ou un piqueur ; & après une bataille on ne nomme pas plus les soldats tués que les chevaux morts. Tous ces faits ne me présentent que des animaux déguisés en hommes.

Les choses vont si loin, que le peuple lui-même questionne sur son état : *sommes-nous des bêtes ?* C'est un propos qu'on entend assez souvent dans les travaux publics : *sommes-nous des bêtes ?* Peuple! cela se pourroit. Charge-toi avec la bête de somme, remue la terre avec les animaux, & contentez-vous tous, si on ne vous laisse pas périr de misere : voilà tout ce que la politique vous doit, & la philosophie vous met au même rang: qu'on exhorte un Philosophe de la Cour ou du Parnasse à croire à nos mysteres, quelle réponse en tire-t-on ? *Comptez vos fables au peuple ;* cela veut dire, à des êtres qui n'ont que la figure humaine.

Cette figure humaine qu'on apperçoit dans le peuple, embarrasse un peu. Mais doit-on se fier aux apparences ? Newton a découvert que l'écarlate n'est pas rouge, Malebranche & Bercley, que nous vivons dans un monde d'illusions, où il n'y a point de corps ; & sans sortir de notre sujet, dira-t-on que ces hommes sauvages de l'Isle Borneo, (*a*) que ces hommes marins qu'on a vus à la

(*a*) Mém. de Trévoux, 1701. pag. 184.

Virginie & à la hauteur de Brest, (*a*) que ces *Satyres* qui étonnerent les habitants du désert & la ville d'Alexandrie, au rapport de deux grands Saints ; (*b*) croira-t-on que ces phénomenes animaux, parce qu'ils portoient la figure humaine, étoient de vrais hommes ?

Il est difficile de résister à tant de raisons contre l'humanité du peuple. Cependant j'entreprends de la démontrer à cause de ma nourrisse, qui m'a donné un bon lait, & en faveur d'un vieux domestique qui a quelquefois eu raison avec moi.

Je tire ma premiere preuve de l'anatomie. Un très-habile anatomiste a disséqué la tête d'un laboureur qui s'étoit fait pendre, parce que depuis plusieurs années, après avoir payé le Roi, il ne lui restoit rien pour vivre. Le dissecteur a dabord trouvé le cervelet, les sucs, les fibres, les nerfs, & tous les instruments organiques qui travaillent la

(*a*) Journ. des Savants, 1676. pag. 351.
(*b*) Mém. de Trévoux, 1725. pag. 1902.

raison , bien disposés & en bon état.
Il a poussé ses recherches jusqu'au
siege de l'ame , à la glande pinéale :
c'est là que se peignent les idées ,
comme les figures se représentent sur
la toile : l'œil n'auroit pas suffi au
spéculateur ; le microscope qui découvrit à Lewenhoek des germes hu-
mains, a suppléé ; & il a vu des
idées liées, réfléchies & conséquentes,
des chardons arrachés, des sillons
tracés , du bled jetté dedans , une
moisson coupée , un fléau , un van ,
un grenier , & des observations sur
toutes les saisons. Mais, chose bien
singuliere ! en ouvrant une autre tête,
une tête de distinction , il n'y a découvert que des perceptions vagues &
décousues, des prétentions sans mérite , de la hauteur mêlée de baf-
sesse , des songes d'amitié & d'amour,
des visions de grandeur , des chi-
meres généalogiques. Le propriétaire
de cette tête , l'épée à la main , pour
avoir entendu de travers une phrase
qui ne signifioit rien.

Si on pouvoit répéter cette expérience de maison en maison, je m'en tiendrois à cette preuve : mais sachons ce que penserent sur cette matiere les Grecs & les Romains, qui se connoissoient si bien en hommes. Ils appelloient le peuple à toutes les assemblées qui demandoient de la raison, aux élections des premiers Magistrats & des Généraux, aux jugements des illustres accusés, aux décrets de proscription ou de triomphe, aux réglements des impôts, à la décision de la paix ou de la guerre ; enfin, à toutes les discussions sur les grands intérêts de la patrie. Démosthene & Ciceron, en haranguant le peuple, croyoient parler à des hommes : nous ririons si on disoit, *la majesté du peuple François* ; accordons-lui du moins la raison : Rome & Athenes lui donnoient même de la finesse ; il entroit à milliers dans ces vastes théatres, dont les nôtres ne sont que des images maigres & rétrecies, & on le croyoit capable d'applaudir ou de siffler Sophocle, Aristophane, Plaute & Térence.

On dira, peut-être, que cette antiquité étoit trop grossiere pour juger la question. Eh bien ! consultons les gouvernements modernes. A la Chine des visiteurs impériaux parcourent les provinces, en questionnant le peuple pour savoir si on continuera les mandarins, ou si on les punira; & l'Empereur, qui est excessivement grand, se met au niveau du peuple, en labourant une piece de terre le lendemain de son couronnement. On voit dans les dietes d'Allemagne, non-seulement le college des Electeurs & celui des Princes, on y entend encore le peuple des villes libres, qui parle par ses représentants. La Suede dans ses assemblées nationales compte l'ordre des paysans. On connoît le pouvoir de la Chambre des Communes en Angleterre. Je laisse à part la Hollande & la Suisse ; l'esprit tout populaire qu'on y trouve, nous paroîtroit suspect dans la question présente. Seroit-il possible que tant de nations ouvrissent au peuple la porte du gouvernement, sans lui supposer

N 4

la nature humaine ? Mais nos peres eux-mêmes jufqu'à Louis XIII. n'ont-ils pas cru que le peuple pouvoit occuper une place dans les Etats Généraux ? Et nos Parlements, ces corps fi raifonnables, ne faifoient qu'une raifon de celle du peuple & de la leur.

Cependant il fe peut fort bien que le peuple François ne foit plus propre à figurer dans le gouvernement. N'y a-t-il donc que les Confeils d'Etat où la raifon fe montre ? Elle agit auffi dans l'intérieur des familles ; c'eft là que des membres du peuple gouvernent affez fouvent les maî-tres qu'il fervent. Un homme en place eft-il d'un accès difficile ? Faut-il fe morfondre des mois entiers à fa porte pour une audience ? Un valet qu'on intéreffe, donne du mouvement à l'affaire, elle fe termine. Une Lucrece élevée dans Saint-Cyr, jure encore après le mariage, de n'aimer que fon mari ; fa femme-de-chambre parie contre, elle répond à toutes les objections, elle leve tous les fcru-

pules, elle applanit toutes les difficultés : quelle force de raison n'a-
t-il pas fallu pour vaincre tant de
vertu !

Si tous les domestiques ne sont pas
capables de prendre cet ascendant sur
leurs maîtres, il est du moins de
notoriété qu'ils sont doués d'un discernement admirable pour en faire
le portrait. Qu'on me charge pour
le bien public, d'afficher sur les maisons le caractere des personnes qui
les habitent, je n'écrirai *avare, généreux, doux, emporté, prude, coquette,*
qu'après avoir consulté les antichambres. Peut-être encore seroit-il à propos de rétablir la fête des Saturnales,
afin que les citoyens pussent apprendre
une fois par an, par la bouche des
valets, à se connoître eux mêmes. Ce
pinceau qui peint durement, mais
avec vérité, prouve assurément de la
raison dans le peuple.

C'est encore le peuple qui fournit
des actrices au théatre. Oublions les
talents qu'elles y exercent, voyons-
les développer leur raison dans la so-

ciété : elles perfuadent au financier de placer fur elles en perdant intérêt & principale ; au grand, que des cœurs achetés par air, valent mieux que ceux qui fe donnent par le mariage : la raifon même d'un Miniftre ne tient pas contre la leur. Qu'on doute après cela de la raifon du peuple.

Il n'eft pas rare qu'une nation qui a beaucoup d'efprit, tombe en contradiction avec elle-meme ; le cas n'eft pas fi fréquent parmi celles qui n'ont que du bon fens. Nous refufons la raifon au peuple, & nos loix le puniffent : les prifons, les tortures, les gibets, les roues font à fon ufage : on ne condamne pourtant pas à mort le taureau qui a éventré le bouvier. Je dis plus : à juger de la raifon par les punitions, il faut que le peuple foit plus raifonnable que les honnêtes gens : un malheureux dont les enfants n'ont pas de pain, fait un petit commerce prohibé ; il eft pris & puni : un gentilhomme dans fa chaife de pofte fe trouve garni de

la même marchandife ; il tue le commis, & fe tire d'affaire. Gregoire,
chaud de vin , querelle, jure , s'arme
du broc qu'il a vuidé, & affomme fon
compagnon de débauche ; la corde
en fait juftice : deux hommes d'honneur arrangent une rencontre ; l'un
refte fur le champ de bataille ; l'autre
continue à s'avancer dans le fervice.
Ne croyons pas ce que difent quelques efprits chagrins , que la fortune & le nom rendent blanc ce qui
eft noir : la juftice eft jufte ; mais
elle confidere avec les cafuiftes qui
ne fe trompent jamais, que les gens
bien nés ne peuvent fe porter au
crime, fans quelque renverfement
dans les idées, quelque délire, quelque aliénation d'efprit ; en un mot, la
loi les voit toujours dans le cas des
enfants, qui n'ont pas affez de raifon pour fe faire pendre ; au lieu
que le peuple en a toujours de refte.

Enfin , il eft aifé de faire certaines
remarques qui tranchent la queftion.
Je ne fuis pas affez groffier pour dire,
en voyant un bel arbre généalogique ,

pourquoi nous cachez-vous la fou‑
che ? Il seroit fâcheux pour un Duc
& Pair de devoir son premier lustre
à un soldat courageux. Ne voyons
que le présent ou un avenir pro‑
chain : quoi de plus peuple que ce
rustre qui passe de son hameau dans
une antichanbre ? Laissez faire le
temps ; son fils sera Ecuyer dans le
même Hôtel, ou Secretaire du Roi :
ce qui n'étoit pas homme, peut-il
produire un homme ? Que seroit-ce
si le rustre lui-même, brusquant la
fortune par la porte de la finance,
du derriere du carrosse passoit dedans?
Le voilà bien décidé *homme* ; sa na‑
ture auroit-elle changé ? Le singe est
toujours singe, & l'homme toujours
homme. Le peuple est donc composé
d'hommes ; mais il est à propos qu'il
l'ignore toujours, & je ne le dis
qu'aux riches, aux grands & aux
ministres, qui pourront, comme au‑
paravant, abuser de l'ignorance du
peuple.

TESTAMENT

LITTÉRAIRE

DE MESSIRE

PIERRE-FRANÇOIS GUYOT,

ABBÉ DESFONTAINES,

Trouvé après sa mort, parmi ses papiers.

AVIS
DE L'IMPRIMEUR.

ON seroit, peut-être, encore privé pour long-temps de cette utile & importante Piece, sans un voyage que mon commerce m'a obligé de faire à Paris à la fin du mois de Juillet dernier. L'Homme de Lettres qui l'avoit en sa possession, n'avoit pas dessein de la supprimer ; mais la censure typographique, après avoir sévi cet hiver, contre ceux qui ont voulu recueillir la succession de M. l'Abbé Desfontaines, réchauffée depuis par M. de Voltaire, en faisoit reculer de jour en jour la publication : on n'osoit enfin confier cette Piece à la presse, quand un de mes Correspondants, ami du discret Dépositaire, a gagné sur lui de me charger de ce soin.

De retour à la Haye, je n'ai point perdu un moment pour satisfaire à l'empressement des curieux. J'ai joint au texte du teſtament , quelques notes qui m'ont paru néceſſaires , & dont , en tout cas , l'inutilité ne roulera que ſur mon compte. Le Puḅlic indulgent n'exigera point d'un ſimple Imprimeur & d'un Etranger , ce qu'il ſeroit en droit d'attendre d'un Editeur & d'un bel Eſprit François.

TESTAMENT
LITTÉRAIRE

De Messire Pierre-François Guyot,
Abbé DESFONTAINES.

Quantus artifex pereo !

IL faut donc enfin cesser d'être,
& rien ne peut prolonger des jours
en proie ; d'une part, au mal dé-
vorant ; & de l'autre, à l'art incer-
tain des hommes. O mort ! sous quelle
forme, hélas ! vient-elle s'offrir ? Au
lieu de frapper sur moi ces rapides
coups qui nous en ôtent l'amertume,
elle semble m'attaquer comme un
fort digne de tout l'appareil de ses
armes ; elle fait peu à peu ses ap-
proches, & avant de gagner le corps
de la place, s'attache à ruiner les
dehors : (*a*) triste condition de notre

(*a*) Personne n'ignore la maladie dont est
mort l'Abbé Desfontaines, & tout ce début
est une image assez vive de son état.

mortalité ! Que de maux elle traîne à sa suite ! Quelles douloureuses circonstances en augmentent encore l'horreur ! Hélas ! la plus sensible pour moi, est de voir les mains de mes chers clients, officieusement cruelles, creuser elles-mêmes mon tombeau ! Etoit-ce au fer de ces Chirurgiens que ma plume a si bien servis, à être le vengeur de leurs adversaires? Mais cette mort qui s'avance à pas lents, ne seroit-elle point plutôt un bienfait de la Providence ? Du moins, tandis que l'on me compte encore parmi les vivants, employons utilement pour moi & les autres, les précieux moments qui me restent.

Je ne veux point laisser un nom odieux, ni mourir chargé de l'indignation de mes Concitoyens. Je n'ai que trop excité l'envie, allumé la haine, armé la vengeance : *Ambulavimus vias difficiles.* J'ai marché dans des routes pénibles ; j'ai voulu m'immortaliser comme les conquérants, par les combats, les ruines, la désolation, & j'ai été le fléau de la Littérature. Tous ces Ecrivains que j'ai flétris pour jamais, méritoient-ils mon acharnement ? Quel plaisir inhumain avois-je à troubler les douceurs que ces pauvres gens goûtoient dans leur ignorance, ou leur ineptie ? Je voulois éclairer mes Lecteurs ; & combien mes jugements, au contraire, n'en ont-ils pas indisposé contre moi ? Je le reconnois, sans doute, trop tard : tout l'effet de la meilleure critique se réduit à diminuer nos plaisirs, en dissipant une illusion qui nous plaît, & à mortifier notre amour propre. La plus grande partie des Lecteurs ressemble à cet heureux fou d'Athenes, qui croyoit toujours entendre des Poëmes divins, qui s'imaginoit toujours voir représenter les Pieces d'Eschyle & de Sophocle ; & les critiques, font cet imprudent Médecin, qui s'avisa si mal à propos, de le guérir de son agréable manie. C'en est fait, abjurons un art aussi dangereux qu'inutile, réconcilions-nous avec tout le genre humain, & par une rétractation courageufe, effayons, nous vivants, de réhabiliter, en quelque façon, notre mémoire.

Dans l'état où je fuis, détaché de tout, & ne tenant prefque plus à moi-même, ô que les objets fe retracent bien différents de ce qu'on les a vus ! Nos yeux prêts de fe fermer pour toujours, femblent alors s'ouvrir davantage ; l'importune vérité nous pourfuit, & s'empare de nous ; l'erreur & les préjugés s'éclipfent ; ils difparoiffent comme un fonge : une clarté pure nous environne, & diffipe tous les nuages ; chaque pas que nous faifons vers la tombe, eft un nouveau degré de lumiere, le dernier de nos jours éclaire les autres : en un mot, d'un coup d'œil on voit plus de chofes, & on les voit mieux que l'on n'a fait pendant une longue fuite d'années.

Eh ! quel intérêt ai-je encore au monde ? Coloffe de vent, un peu de fumée m'a groffi dans l'opinion des hommes, & dans un inftant je ne ferai plus : le corps & l'ombre s'évanouiront. J'ai fait autour de moi un peu de bruit, & un fouffle qui va s'éteindre, eft l'intervalle qui me fépare de la région de l'oubli. Que fais-je feulement fi mon nom pourra me furvivre; fi, à la faveur même de mes Ouvrages, il doit échapper à la nuit des temps ? *Exegi monumentum ære perennius.* Mon Virgile, hélas ! j'en fuis bien le pere, & mes alarmes ne le prouvent que trop. Qu'on me pardonne encore cette foibleffe, je ne compte gueres que fur lui ; mais il n'aura plus de défenfeur après moi. Jufqu'ici ma feule prédilection, jointe à la terreur de ma plume, l'a foutenu contre fes contempteurs : deftitué de cet appui, que deviendra-t-il ? Nous avons à craindre tout à la fois, nos envieux & la poftérité. Quelle eft redoutable, cette poftérité, de qui dépend notre folide gloire ! C'eft toi, juge incorruptible & févere, que je follicite aujourd'hui, c'eft ton indulgence que je réclame pour l'objet de toutes mes complaifances : *In qua complacui* : Bientôt traduit à ton tribunal, j'y ferai fans protection, fans faveur. Mes talents y feront pefés au poids du fanctuaire, & mes Ecrits appréciés comme le métal qui a paffé fept fois par le feu : *Ut argentum fepties repurgatum.* Equitable poftérité, tu jugeras toutes mes juftices; & tes arrêts plus sûrs que les miens, feront définitivement pour moi des arrêts de vie ou de mort.

Dans cette affreufe incertitude, où j'ai befoin d'une clémence que j'eus rarement pour autrui, une éclatante palinodie eft le feul moyen qui puiffe me la concilier : que ma plume, comme la lance d'Achille, guériffe les bleffures qu'elle a faites. Effaçons, par des traits plus durables, ceux que j'ai portés à tant d'Ecrivains immolés à mes fanglantes ironies ; & fi ni le temps, ni les circonftances ne me permettent point de faire à chacun en particulier, une réparation proportionnée à l'injure, embraffons-les tous dans un Ecrit folemnel, qui puiffe être à jamais l'image des fentiments où j'entre aujourd'hui, & le fceau de mes dernieres difpofitions.

Je vais dans cet efprit, tracer un tableau de l'état où je laiffe dans ma Patrie, les Sciences, les Lettres & les Arts : inaltérable monument, & dépôt fidele de ce qu'une vue plus nette & plus fûre m'a préfenté dans ces lumineux moments, où la paffion expire malgré nous, où l'on ne peut plus tromper, ni foi, ni les autres.

J'ai vu les derniers jours de ce fiecle heureux, que j'ai fi fouvent appellé le *bel âge des Lettres*, mais qui n'étoit que l'aurore du nôtre ; & celui-ci, où bientôt je n'ai plus de part, bien plus digne de mes regrets, eft dans fon plus brillant période, ou, pour mieux dire, à fon apogée. Que d'iniques comparaifons n'ai-je pas fait de ces deux âges ! Combien n'ai-je pas déploré, par un contre - temps manifefte, la décadence & la corruption du goût ! Aujourd'hui plus éclairé, ou moins prévenu, que ne puis-je en faire, à mon gré, un juste & curieux parallele! O qu'il seroit bien différent de ces crayons manqués & peu réfléchis, échappés de temps en temps à ma bile! Est-ce le cœur ou l'esprit qu'on accusera de la bizarrerie de mes jugements? Hélas! je l'avoue à ma honte, je crains bien que la plupart n'aient été dictés par ce principe secret d'envie qui nous fait louer le temps qui n'est plus, aux dépens de nos contemporains, & qui n'attend pas toujours la vieillesse. Quoi qu'il en soit, je consens de passer l'éponge sur tout ce que j'ai pu écrire de contraire aux vrais sentiments que je consigne ici. Que de ce véridique Ecrit soient bannis à jamais toute ambiguité, toute équivoque, tous sens obliques & pervers, toute maligne interprétation, toute application captieuse. Je le déclare nettement: je veux louer aujourd'hui tout le monde; & dans ce louable projet, j'entreprends l'éloge du siecle. Je prétends le marquer à des caracteres qui empêchent

de

de le confondre dans deux ou trois
mille ans d'ici, avec aucun des pré-
cédents ; & non seulement mon
dessein est de comprendre dans cet
éloge (sans néanmoins nommer personne) tous ceux à qui je n'ai point
rendu assez de justice ; mais même
je m'unis d'intention avec leurs judicieux défenseurs ; je me joins de
cœur & d'esprit, à tous les applau-
dissements qu'ils ont reçus, qu'ils
pourront recevoir, soit en particulier, soit publiquement, jusqu'à la
consommation des Lettres. Au surplus, qu'on ne s'attende point à
une Piece d'éloquence digne du
sujet : je sens trop combien il est au
dessus de moi. Ce n'est ici qu'une
simple ébauche, un plan que j'es-
quisse & que j'abandonne à ceux
qui pourront l'achever ; ce que je
crois difficile à faire avec toute la
force que je le conçois. Un rapide
coup d'œil sur toutes les parties
des Sciences, des Lettres & des
Arts, est à quoi se réduisent mes
vues. Je n'ai pour chaque objet

O

qu'un très-petit quadre ; &, comme dans les raccourciſſements ou dans les profils de la Péinture, je laiſſe au Lecteur à développer, ſelon le degré d'intélligence qu'il a reçu, cé que j'exprime avec un trait. Je voudrois pouvoir obſerver, ſuivant la dignité des matieres, l'ordre hiérarchique établi dans la République des Lettres ; mais comme je ne dois plus gêner ni mon imagination, ni ma plume, je placerai confuſément & ſans tirer à conſéquence, dans mon *Imago ſæculi*, tout ce qui viendra s'offrir à ma mémoire.

Je devrois, pour l'honneur des Sciences, m'étendre un peu ſur leurs progrès, & donner aux talents diſtingués la part qui leur appartient de droit, dans un monument comme celui-ci ; mais qui pourroit remanier avec aſſez d'art, des louanges épuiſées par nos meilleures plumes ? Il faudroit dérober une partie des fleurs qu'une main délicate & légere répandoit ſur le tombeau des illuſtres morts ; il faudroit pouvoir prodiguer comme elle ; l'ambre & les diamants, ou du moins les ftratz. On verroit dans toutes les parties de la Phyfique expérimentale, nos découvertes portées plus loin que les conjectures de nos peres, ôter prefque à nos neveux l'efpérance d'en faire de nouvelles ; on verroit d'ingénieux Argonautes, vainqueurs des mortelles glaces de l'Ours & des fouffles brûlants du Lion, étendre nos doctes conquêtes jufqu'aux deux Poles. Eh ! quelle idée ne donnerois-je point de cette Médecine Mathématique, inconnue dans le dernier fiecle, dont la théorie tranfcendante s'éleve autant au deffus de la Médecine vulgaire, que la Géométrie pratique eft évidemment au deffous de celle des *Grandeurs incommenfurables* ?

Mais fous quelles images repréfenter les nouveaux phénomenes qui m'éblouiffent ? Une Héroïne Philofophe, rivale de Defcartes & de Newton, vient nous expliquer les plus étonnants problèmes (*a*), le génie des Sciences & le bel esprit, si difficiles autrefois à concilier, se confondent ou se transforment réciproquement. On voit presque renouveller les merveilles de la métempsycose : l'ame de Pythagore anime Aspasie, & celle d'Aspasie passe dans Cratès ; un grand Poëte est changé tout-à-coup en Physicien, le Physicien tout-à-coup devient bel esprit ; l'objet le plus important de l'Astronomie, la découverte des longitudes, va chercher parmi les amusements du théatre un Auteur comique ; & un trésor qui se refuse aux travaux de tous nos observateurs, s'offre de lui-même à un modeste Ecrivain de Drames ; mais tous les François devenus, ou Géometres, ou Physiciens ; l'esprit philosophique, en un mot, par une

(*a*) Apulée prétendoit que la matiere n'étoit ni corporelle, ni incorporelle ; & l'Uranie moderne soutient que le feu n'est ni esprit, ni matiere.

espece d'électricité , communiqué,
plus ou moins à tous les cerveaux ;
ce font des efforts de la nature qui
étoient réfervés à notre fiecle. Un
moderne Apicius donne un Effai
de fon art ; la Fable, l'Hiftoire, la
Métaphyfique , viennent à la fois décorer fon livre : le Cuifinier fe cache
fous l'homme de Lettres ; la Préface
d'un livre de cuifine devient une
piece d'éloquence , & jufqu'au titre
de l'Ouvrage , on reconnoît l'habile
Artifan des fauces , ingénieux à dé-
guifer les mets les plus vils , & à
piquer délicatement les convives.

Après le goût des Sciences *exactes*,
rien ne nous fait plus d'honneur, à
mon fens , que cette vafte Polyma-
thie , qui , reléguée long-temps dans
le Nord , a repaffé de nos jours en
France , avec les grands chapeaux.
Ces prodiges, *ces monftres d'érudition*,
comme *Scaliger* appelloit *Turnebe* ,
ces Ecrivains inépuifables , ou ces
Varrons du feizieme fiecle , revivent
heureufement parmi nous , fans parler de nos *Vatables* & de nos *Poftels* :

(pour la multiplicité des Langues)
quelle foule de *Philologues*, de *Po-lyhiſtors*, *de Bibliographes* !

Les Princes font faire de temps en temps, des refontes dans leurs monnoies, pour faire remuer les eſpeces. Les livres ſont devenus chez nous une ſorte de monnoie courante, où il ſe fait des variations conti-nuelles. La matiere des livres n'aug-mente gueres, c'eſt toujours le même fonds qui circule ; & ce fonds, déja très-ancien, n'eſt aſſurément pas bien conſidérable ; mais tous les jours on refond l'eſpece, & l'on nous reproduit ces livres, tantôt extrêmement augmentés de poids, par l'alliage qu'y fait entrer un la-borieux Compilateur ; tantôt, au contraire, fort altérés ; le tout pour le bien du commerce. Ainſi, l'on voit un ſimple *in-douze* enfanter une longue ſuite de tomes, ou ſe chan-ger en *in-quarto* ; l'*in-quarto* s'enfler à vue d'œil, juſqu'à ce qu'il par-vienne à l'*in-folio* ; & le même li-vre enfin, ſous cette derniere forme, s'accroître & se grossir au point, qu'il devient seul une Bibliotheque entiere. Cette étonnante fécondité fait éclorre ces *masses volumineuses*, que leur poids rendroit souvent inutiles, si, pour la commodité du Public, d'industrieux Compendiaires n'avoient soin de nous en donner la monnoie. Or, quelle obligation n'a-t-on pas à ces copistes infatigables, dont les immenses collections font gémir nos presses, de renouveller & de remettre en honneur ces utiles *Polyantæa*, que la délicatesse de nos peres laissoit dans la poussiere des Cloîtres ? Quel fruit sur-tout ne tirons-nous pas de ces énormes Dictionnaires, dont j'ai vu renaître le goût ? Ne sont-ce pas d'amples magasins, où tout ce qu'il falloit puiser autrefois dans les sources même, se trouve en dépôt pour nous servir au besoin, sans qu'on soit obligé de charger sa tête d'un vain amas de connoissances inutiles, pour quiconque sait s'en passer ? Oui, graces aux *entrailles d'airain* de ces

féconds *Centuriateurs* (*a*) , on peut
se reposer maintenant , à la faveur
de leurs travaux , dans cette heureuse inaction d'esprit , dont la douceur est inconnue à nos Apédeutes.

Un bien évident que produit encore le goût des grandes compila-
tions , & des gros livres en général , c'est de faire fleurir notre Librairie ; delà ces souscriptions si utiles pour conduire , à la faveur d'une
grande entreprise , une infinité d'autres à leur fin ; delà ce luxe littéraire , qui semble avoir proscrit les
formats introduits pour la commodité des Lecteurs , & par qui les
plus familiers de nos livres , repro-
duits *en grand papier* , se transforment en meubles ; ce qui est , à mon
avis , remettre en lingots l'argent
monnoyé , si nécessaire pour le commerce , mais ce qui tourne en même
temps au grand bien de la Librairie :
delà enfin les progrès de notre Im-

(*a*) Didyme d'Alexandrie, qui avoit fait,
selon Séneque , quatre mille volumes, fut sur-
nommé Χαλκέντερος.

primerie, par l'activité des Libraires à multiplier à l'envi les éditions de ces mêmes livres, qui se succedent rapidement par leur émulation à renchérir les uns sur les autres. Elégance de caracteres, lettres grifes, fleurons, culs-de-lampes, vignettes, beauté de justification, ornements qu'on fait payer si cher aux curieux, nous vous devons au goût des Libraires, moins attentifs à nous enrichir des livres rares qui nous manquent, qu'à décorer nos cabinets de ceux dont nous avons surabondamment ; plus occupés de notre superflu, que de nos besoins. Ici les successeurs des Manuces & des Elzevirs, Artistes qui contribuent tant à la gloire des Lettres, devroient partager avec les Savants le lierre & le laurier que je leur dispense ; mais puisque l'Imprimerie m'a conduit aux Arts, arrêtons-nous à considérer l'éclat dont ils brillent aujourd'hui.

Pour commencer par la Peinture, une *nouvelle Ecole Françoise* est dûe

au génie de notre siecle. En vain
quelques-uns de nos Peintres con-
servent encore quelque teinture des
grands modeles du dernier âge, &
s'efforcent de nous retracer les Le
Brun, les Jouvenet, les Le Moine:
leurs ouvrages peu remarqués, frappent à peine quelques spectateurs,
partisans du goût usé de nos peres,
& toute l'attention se porte sur ces
aimables *colifichets*, sur ces tableaux
clairs, faits pour le temps, sur ces
touchantes imitations de nos mœurs:
monuments, s'ils pouvoient être durables, qui serviroient un jour aux
futurs *Gaigneres*, pour retrouver nos
modes, nos airs, & ce qu'on appelle
l'*Esprit du siecle*. Mais quelle émulation de toute part ! Quel attrait
décidé pour le portrait ! Il est un
théatre de la Peinture où l'on aime
à se donner en spectacle, à se montrer sous le pastel, ou sous le cloris
des Rembrands. Un nom peu inté-
ressant ou obscur, passe à la faveur
de celui du Peintre. On ne multi-
plioit autrefois, du moins pour les

exposer en public, que les portraits des hommes importants, ou précieux à leurs concitoyens. Tout le monde aujourd'hui se fait peindre, & la Peinture semble égaler tout. On voit le plus petit personnage, & le bourgeois vain, connu tout au plus à *l'œuvre* de sa Paroisse, figurer avec les Héros, les Hommes d'Etat, les grands Artistes. Ce même goût pour le portrait rend la Gravure florissante. Les hommes illustres, & les hommes vulgaires, tout se confond sous le burin; & pour acquérir l'immortalité de la main de nos Edelinks, il ne faut que de l'argent & de l'amour propre (*a*).

(*a*) Dans le Mercure de France, au mois de Janvier 1746, à l'article intitulé *Estampes nouvelles*, où l'on avertit le Public que le sieur Petit continue de graver la suite des Portraits des *Hommes Illustres*, après le nom de M. l'Abbé de Pompone, & avant celui du savant Pere Courayer, on lit cette intéressante inscription : *Petrus Mathias de Gourné, Prior Commendatarius B. Maria de Taberniaco, natus Dieppa 23 Febr. an. 1702.* Cette inscription, qui est sans doute de la façon du sieur de Gourné même, est accom-

Quant au Peintre d'Histoire, s'il est négligé, il fait s'en dédommager, en secouant le joug de ces pénibles connoissances, qui entroient du temps de nos peres, dans le plan des études d'un Peintre. C'est aussi dans cette aimable ignorance, dans cet heureux vuide d'idées, que, livré à son seul génie, il nous fait mieux voir ce qu'il étoit capable de faire, s'il se fût donné la peine d'orner son esprit & de nourrir son imagination (*a*).

Au reste, où l'on a lieu princi-

pagnée de cette jolie devise, aussi de son goût : *Immisi fontibus apros.* Un homme de Lettres qui connoît à fond le Héros de l'Estampe, prétend que ces trois mots de Virgile caractérisent, avec toute la justesse possible, & le génie du petit Prieur, & celui de ses petits ouvrages. Je ne sais si l'*illustre Dieppois* est beaucoup plus connu en France qu'il ne l'est dans ce Pays-ci, où il est parfaitement ignoré. Mais qu'il me paroît placé dignement entre un Conseiller d'Etat & un Docteur d'Oxford !

(*a*) On peut appliquer à la plupart des Poëtes François, ce que l'Abbé Desfontaines dit ici des Peintres.

palement d'admirer le progrès de notre Peinture , c'eſt dans les camayeux & les ornements des carroſſes. Autrefois de ſimples armoiries annonçoient le rang du perſonnage qui avoit droit de nous éclabouſſer : un meilleur goût leur a ſubſtitué ces petits payſages & ces élégantes cartouches, qui , ſans avoir aucun rapport à la condition du maître de l'équipage, marquent ſeulement ſon génie pour ces ſomptueuſes bagatelles.

Mais après les Vernis & la Découpure, ingénieuſes découvertes qui font tant d'honneur à notre ſiecle , la Peinture bien plus pénible , doit-elle être encore d'un grand uſage ? L'aimable invention que la Découpure ! Quelle épargne de coups de pinceau ! Mais qu'il faut de goût & d'intelligence pour aſſortir toutes ces figures, pour en compoſer un deſſein qui *faſſe tableau* , ſuivant l'expreſſion des Artiſtes ! C'eſt la moſaïque & le ſtuc des Dames.

Quant aux Vernis , les Chinois

fourniffent en ce genre , & en tout genre de Peinture , des modeles de vraies beautés. Nous fommes dans le regne heureux des *grotefques*. Le goût Grec & Romain , la belle nature , nous font devenus infipides. C'eft à Pekin & à Machao que je fouhaiterois , pour la perfection des Arts , qu'on tranfportât notre Ecole de Rome , les Gobelins , la Savonnerie. Au furplus , que le Peintre refte ignoré , ou que fes talents foient réduits à orner quelques deffus de portes qui auront échappé par hafard au luxe prodigue d'ornements plus folides , le Verniffeur fait le remplacer ; fon art fuffit à tous nos befoins ; & depuis la chaife percée jufqu'au cabinet des bijoux , il embellit tout ce qu'il touche.

C'eft ainfi qu'on voit d'âge en âge , les Arts s'exclure & régner fucceffivement. C'eft avant cette admirable viciffitude de génie , de goût & de modes , qui nous en produit de nouveaux.

Le Tour feul , art fi néceffaire

& porté si loin aujourd'hui , est bien capable de nous consoler du déclin des autres. Outre nos tabatieres , (meuble important , & dont la simplicité de nos bons aïeux avoit su se passer pendant tant de siecles) , que de précieuses bagatelles nous devons au Tour ! Peut-on , sans tourner un peu , se piquer de goût, prétendre au titre d'homme de goût ?

Qu'ici l'on me permette un petit écart : ce titre embrasse tant d'objets , l'acception en est si générale , qu'il me paroît indispensable de l'expliquer.

On appelle un *homme de goût*, un homme qui se connoît en belles choses , c'est-à-dire, un homme capable de louer un ouvrage de Martin , de raisonner à fond sur le guillochis ou sur la ciselure d'une tabatiere , d'apprécier un paravent de B.... ou un éventail ; un homme encore assez somptueux pour porter un caillou singulier , une boîte d'émail incrustée d'or , un cachet curieusement gravé.

On appelle un *homme de goût*, un homme qui fait les Vaudevilles du temps, qui les a de la premiere main, qui fait quelquefois une Parodie fur un air baroque, que la protection d'une femme a mis à la mode; un homme auffi qui fait difcourir fur un Ballet & fur *fa coupe*, qui parle de *fituations*, *d'intérêt* : mots vuides fouvent pour ceux qui voudroient examiner l'application qui s'en fait ; mais d'un grand ufage dans le monde, où l'on s'entend prefque fans rien dire.

On eft encore *homme de goût* par les habits, l'ameublement; en un mot, par une délicate recherche dans tout ce qui peut concerner l'élégance & les commodités de la vie.

Je ne finirois pas, fi j'entreprenois de développer tous les attributs du goût. La fcience de l'homme de goût eft proprement l'art de juger tous les talents, fans aucun talent. Un de nos plus célebres Ecrivains définit admirablement cette efpece. *Qu'ont-ils fait ? ils étoient aimables.*

Un homme de goût, & un homme aimable, qualifications synonymes, & plus claires que toutes les définitions. L'agréable Historien de l'Académie, qui a continué Pelisson, parlant de je ne sais quel Abbé (*a*), qui n'avoit, à ce qu'il observe, aucun talent académique, dit qu'il *avoit le secret de se rendre aimable.*

Le caractere d'*homme de goût* est de toutes les conditions & de tous les états. Le Magistrat est *homme de goût.* Il tourne, il découpe, il joue de la vielle, & fait même de petites Pieces de théatre, dont il abjure l'honoraire en faveur de l'honneur qui lui en revient.

Revenons aux Arts. Pourrois-je oublier la Sculpture & l'Architecture ?

En quoi nos Statuaires aujourd'hui se distinguent des *derniers Romains*, (j'appelle ainsi les Coizevox, les Vancleves, les Coustoux, &c.) c'est principalement par l'expression &

______

(*a*) L'Abbé de Lavau.

par le goût singulier des draperies. Quel choix de la belle nature ! quelle noblesse de caracteres dans la plupart des morceaux qu'on met sous nos yeux depuis plusieurs années ! Les Peintres autrefois laissoient aux Sculpteurs ces draperies déliées & légeres, dont les plis étroits & multipliés font voir la légéreté du ciseau, & servent à marquer le nud. Les Sculpteurs abandonnoient aux Peintres ces grosses draperies à plis larges, qui font des duretés autour du relief. Ils évitoient, si j'ose hasarder ce mot, de faire *rocailler* leurs étoffes. Aujourd'hui (le contraste est frappant) le Sculpteur fait ses draperies toutes pittoresques, & le Peintre semble affecter de faire les siennes d'après l'antique.

Les besoins d'un des principaux Quartiers de Paris, excitent l'attention de la Ville, pour la construction d'une Fontaine ; mais on veut en faire en même temps un superbe monument des Arts. L'Architecture & la Sculpture s'unissent pour ce

grand ouvrage : il attire les curieux
en foule. Je passe auprès sans l'appercevoir. Un petit ornement négligé
me fait ignorer nos richesses. Rien
ne m'annonce ce monument. Je le
cherche en vain dans un *jour* qu'une
sage économie a su sacrifier à de plus
solides avantages.

Mais pour peindre à mon gré le
goût de notre Architecture , que
n'ai-je , *Monsieur de Félibien* , & vos
lumieres , & votre éloquence ! Autrefois dans les monuments destinés à
consacrer l'éclat d'un beau regne ,
on cherchoit à frapper par la grandeur ; on faisoit céder de petits intérêts à la gloire de la Nation. Aujourd'hui la même intelligence qui ,
dans les maisons des particuliers ,
fait ménager si habilement le terrein ,
& le partager entre le commode &
l'utile , préside aux édifices publics.
J'ai vu bâtir un *Temple des Muses* ,
dont la magnificence avoit conçu
le plan , & dont l'économe indu-
strie est devenue l'ordonnatrice. Au
reste , ce que nos peres avoient en

sublime, nous l'avons dans ce genre en agréments. Que d'art dans la construction, d'un *boudoir* , d'une *lanterne* , d'une *garderobe* ! Que de goût dans nos *entre-sols* , & dans tous ces *dégagements* dont l'invention nous appartient ! Au lieu de ces appartements vastes qui distinguoient les Palais des Grands , ou ceux des fastueux Publicains , de l'humble toit des hommes privés , on ne voit que de petits réduits & d'agréables cellules , ornés de tous les *colifichets* qu'un luxe ingénieux a substitués à l'élégance surannée de nos peres.

Que dirai-je de nos *cuisines* , partie si négligée , même des Anciens, & si importante ? La curiosité me conduit dans la maison d'un de nos Satrapes : je demande à voir les appartements. A peine me laisse-t-on jeter, en passant , un rapide regard sur d'anciennes Peintures dignes d'un autre possesseur & d'un autre lieu ; en vain le grand cabinet , le sallon m'offrent des beautés conformes à mon goût : c'est dans

les cuisines où l'on m'entraîne,
qu'on me fait admirer celui du maître ; c'est la seule piece de la maison qu'on fasse remarquer aux curieux. Elégance, solidité, propreté,
commodités de toute espece, rien
ne manque à ce vaste attelier de
Comus, chef-d'œuvre moderne, où
l'Architecture s'est plu à déployer
ses ressources.

Mais quel nouveau Panthéon s'éleve ? Est-ce *Michel-Ange*, ou *le Bra-
mante*, qui vient étaler à la fois toutes les richesses de son art ? Les
carrieres s'épuisent pour cet édifice ;
d'énormes masses suspendues éton-
nent, & font frémir les passants.
Un vertige me saisit en les contem-
plant. N'arrêtons pas plus long-
temps les yeux sur des beautés co-
lossales qui les fatiguent, & dont
on laisse à la postérité le soin de
chercher le point de vue.

Les beaux Arts ont une destinée
commune, qui les fait marcher d'un
pas à peu près égal, suivant le génie
des siecles qui les cultivent. Ainsi

les progrès de la Musique ont toujours suivi, parmi nous, ceux de la Peinture & de la Poésie. Nouveaux Harmonistes, *grands murieurs de sons, l'un de l'autre étonné*, on vous doit ce contraste heureux de votre Art, qui fait passer les mouvements de la symphonie dans le chant, & rarement le goût du chant dans la symphonie. La facilité, le beau naturel, & la vérité de l'expression, formoient, avant vous, le froid caractere de notre Musique. On laissoit aux gosiers Italiens, ou à ceux des oiseaux, encore plus légers, cette volubilité de sons qui frappe l'oreille, sans rien peindre à l'intelligence. Pitoyable goût de nos peres ! le difficile ne s'offroit point à Lully, parce qu'il ne daignoit pas le chercher : il travailloit pour des oreilles timides. La Musique moderne, bien plus savante, unit le chant Asiatique avec la symphonie Tudesque ; elle nous rappelle ces beaux chants des *Bardes*, qui faisoient le charme des peuples dont nous sommes les successeurs.

Que les Pédants, dont l'admiration eſt toujours vouée aux temps & aux objets qui ſont loin de nous, oſent comparer maintenant le premier âge de l'Opéra à celui-ci. Quel goût, quelle intelligence règnent aujourd'hui dans toutes les parties de ce grand Spectacle ! Mais quelles reſſources du côté des talents ! Un Acteur émérite, dont la voix mûrie par quelques années d'inaction, paroîtroit caduque à des oreilles fauſſement délicates, mais qui n'eſt qu'onctueuſe aux miennes, eſt le *Coryphée* du Théatre lyrique. Immédiatement après lui, mais plus près du premier rang que du troiſieme ordre, eſt ce *divin Chantre*, dont la voix *deſtituée d'organe*, ſi cette image eſt aſſez ſenſible, ne doit preſque rien à la nature, & doit tout à l'art. On n'entend qu'un ſon qui s'élance, un cri harmonieux qui perce l'oreille, & qui l'ébranle par ſecouſſes ou par ricochets. Veut-on réveiller le Public, las d'une uniformité peu piquante, la voix amollie de *Stentor*, se plie aux doux accents de Pâris, dont on lui donne le caractere ; & l'Acteur aux sons bruyants & perlés, se change en Alcide (*a*).

L'Opéra me ramene insensiblement au tableau de notre Littérature, & je ne puis le commencer mieux, que par les compositions théatrales, qui donnent le pas dans un certain monde.

Que nos derniers Poëmes lyriques me font regretter d'avance ceux qui les suivront, & m'annoncent de beaux jours que je ne verrai point ! Quelle poésie ! Que d'invention dans les *Fêtes de Polymnie* ! Quelle heureuse facilité pour le chant, dans la versification du *Temple de la Gloire* ! Quel judicieux choix de contrastes, d'allégories & d'allusions ! Dans *Jupiter*,

(*a*). L'Auteur fait, sans doute, allusion à la petite Mascarade des *Fêtes de Polymnie*, Opéra-Ballet, joué peu de temps avant sa mort. On y vit le sieur Gel... *dont la figure est si théatrale*, caractériser dignement Hercule, & le sieur Ch... faire un rôle d'enfant, auquel il ne manquoit que des manches pendantes.

vainqueur

vainqueur des Titans, quelle économie ! quelle fécondité ! Saturne
détrôné deux fois ; la guerre des Titans & celle des Géants ; toute une
Iliade dans une Tragédie. Que de
grandeur & de dignité dans les
amours de Jupiter & de Junon,
quoiqu'un peu bourgeois !

Je passe rapidement au Théatre
François : mes premiers coups de
pinceau lui étoient bien dûs. La
Tragédie ; un peu négligée, à la
vérité, ne s'y montre plus que pour
empêcher la prescription. Mais on
la voit, après quelques années d'é-
clipse, comme un feu caché dans
le sein d'un profond volcan, jeter
des lueurs & des étincelles qui sou-
tiennent la réputation de ce grand
Théatre. *Alzaïde*, ah, quel succès
vous attend ! Quelle idée une simple lecture m'a donné des talents
dramatiques de votre facile Auteur !
Nos Peres s'imaginoient faussement
qu'il falloit choisir, pour la Tragédie, des sujets connus ; le plaisir,
& sur-tout l'intérêt, leur paroissoient

P

inséparables du vrai historique & du vrai moral. Le goût pour les Romans a fait naître un nouveau genre de Tragique : champ vaste, & qui n'a d'autres bornes que l'imaginative du Créateur. On peut désormais rapprocher des situations & des incidents peut-être impossibles, mais dont la Peinture impliquée fixera du moins notre distraction naturelle, l'espace de temps que nous destinons à cet utile récueillement : on verra bientôt, sur ce grand modele, des Tragédies & des Comédies qui n'auront gueres plus de rapport à nous, à rien de ce que nous pouvons sentir & penser, que les mœuts des Hotentots n'en ont aux nôtres. Mais que l'on sera bien dédommagé de la vérité des objets, par les progrès que l'on va faire du côté de l'invention ! Si la Scene Tragique est un peu stérile, la Scene Comique, en récompense, s'est enrichie d'un nouveau genre, essayé d'abord sans succès, & bientôt abandonné dans le dernier siecle. Ce mixte dramatique en promet un autre : le *Comique larmoyant*, comme je l'appelle, doit, à coup sûr, amener le Tragique Bouffon. On pourroit même en trouver le germe dans quelques Tragédies nouvelles.

Les talents de l'action se modelent sur ceux de la composition. Ce n'est donc plus que par pédanterie, ou par un reste d'attachement à Corneille, à Moliere, à Regnard, si surannés & si rebattus, qu'on regrette encore quelquefois les Baron, les Quinault & les Duchemin. Nos Acteurs d'aujourd'ui sont tous faits pour les Pieces modernes. Je vous dois bien des réparations, utiles Citoyens qui vous occupez du divertissement des autres ! Le fiel échappé de ma plume m'a fait encourir votre disgrace. Je n'ai point senti toute l'importance du ministere public que vous exercez. J'ai blessé votre délicatesse, en vous confondant avec de vils rivaux. Que j'ai méconnu la hiérarchie théatrale !

Opéra comique, objet passager,

P 2

tantôt de mes complaisances exceſ-
ſives , & tantôt de mes injuſtes dégoûts , vous n'êtes plus , & je vous
donne , hélas ! des regrets tardifs.
Quel goût pourtant , quelle décence
s'étoient introduits ſur votre Scene !
Vous avez pu cauſer de la jalouſie
à la Scene Romaine ; déja vous vous
éleviez juſqu'à elle , parce qu'elle
deſcendoit juſqu'à vous. Votre ambition a fait votre ruine : vos Auteurs , illuſtres transfuges , accueillis
par vos généreuſes rivales , vont les
enrichir de vos déplorables reſtes.
Revenez , Théatre Italien , à votre
génie , à ce goût national que vous
avez ſi long-temps négligé. Malgré
l'excellent jeu de vos Mimes , vous
êtes réduit aux Empyriques , &
vous ne ſubſiſtez que par artifice.
Que l'ingénieuſe Pyrotechnie ſoit
déſormais l'ame de votre Spectacle ;
aſſaiſonnez-en toutes vos Pieces , &
que le Public , attiré chez vous par
le ſtupide plaiſir des yeux , paie
avec uſure les frais de votre Chymie.

Soutiens de nos Théatres , graves

Écrivains, que ne puis-je rendre à chacun de vous le tribut qu'exigeroient vos divers talents ! On verroit Paris plus fécond qu'Athenes & que Rome ; pour deux ou trois genres de Dramatique dont elles nous ont laissé des modeles , en offrir presqu'autant que d'Auteurs , fans le *Comique larmoyant*, à qui le premier rang est dû par l'assemblage singulier qu'il fait du cothurne & du soc. Quelle variété de Comique ! Comique moral & métaphysique, Comique de conversation, Comique d'Epigrammes ou de Madrigaux , &c. Voilà bien de quoi compenser le *Comique de choses* que nous avons abandonné. Même fécondité dans le genre tragique. Nous avons la Tragédie en échasses , le Tragique Elégiaque , celui d'Eglogue : que fais-je enfin ? Je ne fais point d'application : c'est nommer le Peintre , que d'indiquer sa maniere.

Les Romans sont , après le Théatre , le genre qui nous occupe le plus. Quelle prodigieuse fertilité !

quel torrent ! L'ordre nombreux des Romanciers pourroit se distribuer par centuries. Je mets dans la premiere classe, pour la dignité, les Romans métaphysiques, qui, sous un tissu de très-petits faits, sous le peu sublime récit de quelques aventures bourgeoises, font en style scholastique, en langage abstrait & plus spiritualisé que tous les mystiques Espagnols, de curieuses analyses du cœur humain. Je range dans la seconde classe, ce qu'on appelle les Romans du haut style. Ceux-ci, beaucoup plus intrigués & surchargés d'événements, ne peignent que des passions tristes ou furieuses, & remplissent l'imagination de noirceurs. Les Ecrivains de ce dernier genre sont ordinairement diffus & *verbeux*, mais polis, châtiés, élégants ; ils sement l'éloquence & l'ennui. Décélerai-je ici mon goût ? Qu'on exagere, tant qu'on voudra, le vuide de tous les Romans ; les plus sérieux pour ces esprits justes, sont les plus frivoles ;

&, vuide pour vuide, je donne le prix à ces Romans un peu libertins, où l'air du monde, où l'esprit des femmes se retrouve d'après nature. N'attendez ni ces grandes machines qui remuent l'ame, ni de ces sentiments élevés qui nourrissent le cœur ; mais des riens tournés, des propos de toilette ; plus de tracasserie que d'action ; des *tête - à - tête délicieux*, des infidélités, des ruptures, & sur-tout beaucoup de petits portraits peu ressemblants, mais singuliers : voilà la matiere de ces Romans. Ajoutez-y de la politesse & du style, avec une facilité de langage qu'on acquiert dans le commerce du monde, & principalement dans celui des femmes, excellentes à donner de l'expression, dont elles ont, sans contredit, bien du superflu ; mais plus ingénieuses encore à faire prendre une nouvelle forme aux idées du monde les plus rebattues.

Quand je ferois un livre aussi gros que celui de M. *Gordon de Percelles*,

je n'épuiserois point tous les caracteres des Ecrits romanesques qu'on
voit eclorre à Paris, seulement dans
un mois. *Bienheureux Scuderis*, féconds Ecrivains, j'ai couru la même
carriere ; & dans les bizarres dégoûts
de ma bile, c'est vous que j'ai le
plus maltraités. Que j'envisage aujourd'hui, d'un œil différent, le
fruit de vos veilles ! Continuez,
laborieux Citoyens, à payer à l'inaction de ceux qui vous lisent, le
tribut de votre utile loisir ; redou-
blez d'émulation, faites de longues
suites ; entassez volumes sur volumes, inondez les bibliotheques &
les cabinets ; que le plus petit Auteur de romans prenne hardiment
le pas sur nos Saumaises & sur nos
Ménages.

Oui, quelques travaux qu'il en
coûte pour acquérir le nom de Savant, quelque considération qu'il
nous donne, & parmi nos contemporains, & long-temps encore après
nous, le plus frivole Ecrivain, le
moindre Romancier est, à mon sens,

au deſſus du Littérateur. On a com-
paré les Savants à certains richards ,
qui ſont les artiſans de leur fortune :
ſi leurs acquiſitions leur ſervent à
faire dans le monde une belle figure ,
on a toujours à leur reprocher de
n'être riches que du bien d'autrui.
L'Ecrivain de romans , &, en général , tout aimable ignorant qui ſe
voue aux ſeuls ouvrages d'imagination, pourvu qu'il ne ſoit pas pure-
ment copiſte , eſt cenſé riche de ſon
propre fonds. Un Savant n'eſt quelquefois qu'un Savant ; mais l'Auteur
d'un petit conte de Fées , eſt d'abord
qualifié *bel eſprit* ; & ce titre , qui
coûte bien moins que l'autre , eſt
ſûrement d'un plus grand uſage.

Que le ſiecle de Louis XIV. ſoit
le ſiecle du *génie* (*a*) , j'y conſens.

(*a*) Si par haſard quelque lecteur ignoroit ce que c'eſt que le génie , je l'invite-
rois à lire l'éloquente réponſe que M. l'Abbé
d'Olivet , placé *par le caprice du ſort* , comme
il le dit expreſſément , à la tête d'une compagnie éclairée , a faite au diſcours de
M. de Voltaire , lors de la réception du dernier à l'Académie. Nous avons eu ces deux

Le nôtre est le siecle de l'esprit.
C'est par cet endroit que Quinault,
& que tant d'autres Ecrivains, dont

beaux morceaux par la voie du Gazetier
d'Utrecht ; & ce seroit ici l'endroit d'en faire,
au nom de tous les étrangers, des remer-
cîments au nouvel Académicien, à qui nous
sommes redévables de cette attention singuliere, comme on l'a réconnu par ses notes.
Qu'est-ce que le génie ? Curieuse question
que se fait M. l'Abbé d'Olivet, & qui aboutit
à nous apprendre, que *c'est un feu, une lumiere étincelante, le soleil de l'épopée, &c.*
Définitions claires, & sur-tout fort neuves.

Un François, qui venoit de lire le discours
de M. de Voltaire, qui roule en partie sur
la traduction des Poëtes anciens, à cet endroit de la réponse, ne put s'empêcher de
dire en ma présence : *Quoi ! c'est M. l'Abbé
d'Olivet qui vient nous définir le génie ?
Il falloit le laisser peindre à ceux qui le sentent ; en un mot, aux hommes de génie
même. Par quelle étrange bizarrerie le Poëte
s'est-il donc avisé de disserter sur les tradu-
ctions ; & le traducteur, au contraire, de
discourir sur le génie ?*

Optat ephippia bos piger, optat arare caballus.

Je ne fais que rendre fidelement les ex-
pressions de ce bourru, car pour moi tout
me paroît à sa place,

Despréaux a décrié les talents, nous appartiennent en quelque sorte ; au lieu qu'on pourroit demander , (comme je l'ai vu mettre en question) si Despréaux lui-même avoit de l'esprit ? Rien n'est donc plus commun chez nous que l'esprit ; & tout le monde en a sa mesure. On dit , par exemple , d'un homme qui a fait une de ces jolies bagatelles, qui passent malheureusement comme *une fleur bleue* , il a *infiniment d'esprit*. Rousseau , qui n'étoit qu'homme de génie , & que par cette raison je renvoie au XVII. siecle (*a*) , a voulu

(*a*) M. de Voltaire , qui parcourt dans son remercîment à l'Académie , tous les âges de la Poéfie Françoise , renvoie apparemment Rousseau bien au delà du XVII. siecle , puisqu'il n'en dit rien ; car je ne puis soupçonner , dans cette omission , un motif aussi bas que seroit l'envie d'éteindre , s'il pouvoit , sa mémoire. Il est trop reconnoissant & trop généreux , pour être capable d'une petitesse incompatible avec le nom *de grand homme* , sur-tout à l'égard d'un concitoyen qu'il a reconnu long-temps pour son maître. Peut-être a-t-il pensé que cette omission lui feroit , de sa part , encore plus d'honneur

définir l'esprit , & l'appelle *raison
affaisonnée ; ou fel de la raison*. Mais
le bon Rousseau n'y entendoit rien :
l'esprit n'est qu'un certain tour d'imagination , où la raison n'a rien à
voir ; c'est une forte de Prothée,
qui prend autant de différentes for-
mes , qu'il habite de têtes , comme
une liqueur prend la figure du vase
qui la contient. On ne peut définir
l'esprit , qu'en l'analysant dans les
différents sujets qui nous en mon-

que tous ces éloges peu mesurés , dont on
rougit également , & pour celui qui en est
l'objet , & pour le frivole panégyriste. En
effet , ne point parler de Rousseau , dans un
endroit où ce beau génie , le premier des
Poëtes François , s'offre à l'esprit de tous
les lecteurs , n'est-ce pas le tirer de la foule ,
& le mettre , en quelque sorte , hors de rang ?
N'est-ce pas insinuer qu'il est supérieur aux
louanges prodiguées à tant d'autres ? Rien
n'est donc plus obligeant ici que le profond
silence du sieur de Voltaire , & je compare
l'Horace François à ce Capitaine Romain ,
que l'absence de ses trophées dans une pompe
publique , rendit plus grand aux yeux du
peuple , indigné qu'on les eût souftraits à sa
vue , que tous ceux dont on portoit les
images.

trent les propriétés, & nous trouverons par cette analyse, qu'il se
diversifie de mille manieres. . . . .
. . . .
Nota. *Il y a dans l'original de ce
Testament, qui est* olographe, *une page
entiere bâtonnée, au bas de laquelle
on lit ces mots :* Renvoyé à mon
codicille. *C'est ce qui fait en cet endroit une lacune.* . . . .
. . . .
   Un *bel esprit* veut-il écrire l'Histoire, il sent bien qu'il ne suffit
pas de mettre les faits dans un beau
jour, & de les déduire avec cette
élégante simplicité dont nous avons
quelques modeles, mais qu'il faut
encore intéresser l'imagination. Le
sel volatil de Séneque, & le sublime
de Tacite, amalgamés dans ses écrits,
en font le corps & l'ame. Ce n'est
plus cette marche unie, grave &
soutenue, qui fait la majesté de
l'Histoire ; c'est un homme qui,
parce qu'il a de la jambe, fait en
marchant des pas de chaconne &
des entrechats.

La différence qu'il y a entre *l'homme d'esprit & le bel esprit*, c'est que le premier ne s'affiche point, & laisse faire à l'autre ses preuves. L'homme de goût & l'homme d'esprit ont cela de commun : ils se contentent d'être aimables.

Une des propriétés de l'esprit, (j'entends toujours de l'esprit du siecle) c'est d'être fort communicatif. Nous avons nombre de sociétés où l'on fait commerce d'esprit : chacune a son ton qui la distingue, c'est-à-dire, sa façon de penser, & d'envisager les objets qui lui font un jargon à part. Il s'agit d'attraper ce ton, & l'on devient tout d'un coup aussi décisif qu'on peut être superficiel. Il n'est pas même nécessaire, dans la plupart de ces sociétés, d'être entendu, ni de s'entendre soi-même : on vous devine, & quoi que vous puissiez dire, ou ne dire pas, on a de l'esprit de reste pour vous ; chacun vous en prête du sien, & vous trouve *infiniment amusant*. Veut-on s'élever au *bel esprit* & se faire lire , c'est dans ces mêmes sociétés qu'on puise le vrai goût du style. Du tour & de la légéreté , voilà tout ce qu'il nous faut. Si vous vous livrez au travers de vouloir être un peu plus solide , apprenez à penser dans les livres , & dans nos cercles , à écrire : pour être léger , soyez concis , même au hasard d'être moins clair. Vous croyez qu'on ne vous a pas compris : on est déja bien plus loin que vous. Deux mots de plus , vous gâtez tout. Que vous êtes pesant ! que vous êtes lâche !

On dira que le différent génie de ces sociétés, rend l'esprit , en quelque sorte , arbitraire. J'avoue que l'esprit du Marais n'est pas tout-à-fait de la même trempe que celui du Fauxbourg Saint-Germain ; & que tel homme , ou telle femme qui fait l'agrément d'une société , feroit sûrement pitié dans une autre. Mais *le ton* dominant , je veux dire , l'esprit caractéristique du siecle , doit sur cela fixer nos idées.

J'ai vu l'ingénieux *Amphigouri* faire les amusemens de plus d'une société, qui prenoit le nom de *bonne compagnie*. Ce genre tout françois nous appartient à coup sûr, & l'on ne peut méconnoître son origine. Je ne sais si nous ne lui devons pas les continuateurs de la *Bibliotheque bleue*. L'amphigouri tombe au détriment des Lettres : elles font ainsi des pertes de temps en temps, pour s'enrichir d'un autre côté. *La Parodie*, genre aussi moderne, fait heureusement des progrès qui me rassurent sur sa durée. On vient à bout de tout rimer, & la tempête d'Alcyone enchaînée dans un canevas, est peut-être actuellement le supplice de quelque parodiste obscur dont elle deviendra le triomphe. Je ne fais que glisser sur tous ces objets, entraîné par la foule des grands talens qui se présentent à mon pinceau : *Quò sessum rapitis*......

Parlerai-je de tous ces écrits fugitifs, de ces petites satyres & de ces critiques fourrées, dont j'ai su ramener le goût ? Je puis encore revendiquer en partie l'invention de ces Lettres *factices*, qui ne parviennent jamais à leur adreſſe, parce que le public les intercepte : *Lettre à Madame la Marquiſe*, en blanc : *Lettre à M. le Comte de * * *, &c.* Car il faut toujours choiſir des gens qualifiés : ce font eux qui s'intéreſſent le plus au progrès des Lettres, & qui protegent les talents.

Mais, pour en venir à nos Poëtes, quel heureux déchaînement nous venons de voir ! Quel déluge d'Odes & d'autres Poëmes, de grands & de petits vers de toute eſpece ! Je me perdois dans ce débordement poétique, & je vois terre à peine encore aujourd'hui. Si nos proſpérités continuent, tous les François deviendront Poëtes. On a dit, qu'il y ait des Mécenes, nous ne manquerons pas de Virgiles : & moi, je dis, qu'il y ait des batailles en Flandres, nous aurons des *Bavius* & des *Mævius*.

C'eſt ici que j'ai bien à me reprocher d'avoir humilié tant de faiseurs d'Odes. Alexandre goûtoit bien les vers de *Cherile* ; & si ce n'est pas le plus bel endroit de sa vie, le zele vaut quelquefois la science. L'excès & le superflu des éloges que j'ai donnés à certaines pieces répandues judicieusement, & avec plus d'économie sur les autres, auroient encouragé nos *Cottin*, ou les auroient du moins consolé de la médiocrité de leur veine. Que je reconnois bien à présent l'injustice de la critique! Chacun se complaît dans ses productions.

L'équitable Nature en ses dons inégale,
Pour rendre à peu de frais tous les hommes contents,
Leur rend en vanité ce qu'elle ôte en talents (*a*).

Ainsi la confiance & la présomption tiennent lieu de talents à ceux qui n'en ont point, ou que de très-foibles. C'est un bien que la Providence leur a donné par compensa-

(*a*) Pope.

tion, ou par forme de dédommagement. Il y a donc de l'inhumanité à leur envier ce triste partage. Plût à Dieu, que j'eusse toujours été pénétré de cette morale !

Si j'entreprenois de tracer le caractere de notre éloquence, j'aurois bientôt démontré tous les avantages que nous avons encore dans cette partie sur le siecle de Louis XIV. On verroit l'éloquence de la Chaire *purgée* (si j'ose employer ce mot après un Ecrivain bien autorisé (*a*)) de l'ennuyeuse onction des Le Tourneux, du pathétique & de la pompe des Bossuet, du dogmatique élevé des Bourdaloue, nous rappeller ces touchantes déclamations que Pétrone, quoique fort peu canonique, semble avoir dépeintes pour notre espece. Et que de fleurs mes mains vous prodigueroient, *Cicerons* novices, formés, non chez Cujas ou Péfournier, mais dans la liee des *Jeux*

____

(*a*) Cet Ecrivain est M. le Sage, qui a donné Gusman d'Alfarache, *purgé*, suivant son expression, *des moralités* superflues.

floraux , dans le concours des prix fondés par Balzac ! Elevez la voix, jeunes Orateurs, emparez-vous des tribunaux, faites-y revivre cette éloquence *académique*, dégagée du joug importun des chofes qui veulent s'affujettir les mots, fur-tout au Palais. Qu'elle foit toujours votre modele, & l'objet de votre émulation.

Augufte Académie , c'eft à vous que je dois la plus éclatante fatisfaction. Hélas ! vous ne l'avez que trop vu : le feul dépit de n'être point des Quarante, fit mon acharnement contre vous. En effet , que penfera la poftérité de ne pas trouver mon nom fur vos liftes ? Je pourrois me confoler de cette omiffion , fi c'étoit à ma philofophie qu'on en fît honneur. On fait que par une inftitution des plus fages , le mérite modefte eft exclus de l'immortelle Confrairie: c'eft une femme aimable , qui , jeune autrefois , faifoit les avances , & qui fur le retour , veut que fes amants faffent tous les frais de fa conquête. Mais , à mon égard , prendra-t-on le change ? Tous, tant que nous ſommes d'Anti-Jetonniers, nous avons beau nous parer aux yeux du public d'un frivole détachement, & marquer l'indifférence la plus cynique pour les diſtinctions littéraires, on eſt convaincu que tous nos dédains ne ſervent qu'à couvrir la ſoif dont nous brûlons intérieurement pour les ſcientifiques jetons. Faut-il, pour rendre encore mes regrets plus vifs, que dans ce moment, où tombe le voile qui a ſi long-temps offuſqué mes yeux, une vue épurée de toute affection, m'offre la *troupe des Immortels* dans la perſpective la plus brillante ? Quel mêlange ! quel aſſortiment de talents & de mérites divers ! Le mérite héréditaire, le mérite eſpéré, le mérite acquis. Hommes liants & de mœurs douces, gens aimables & de bon commerce, qui vous bornez à faire les délices des cercles & des ſociétés, vous allez recueillir le fruit de vos utiles liaiſons ; venez vous placer dans le ſein des Arts. Si vos talents académiques ſont imperceptibles aux yeux des profanes, c'est une propriété qui leur est commune avec ces *je ne sais quoi* sympathiques, dont l'effet est d'unir des hommes qui semblent n'avoir aucune raison de se plaire ensemble. Mais, quel admirable coup d'œil ! Je vois un humble Grammairien assis gravement entre un Politique & un Magistrat ? Un faiseur de Romans & un Chansonnier groupent avec un Prélat & un Militaire ? L'Académie rapproche-t-elle les talents ainsi que les conditions ? Qui peut produire cet accord ? Seroit-ce l'attention qu'ont les habiles gens qui gouvernent secrettement cette Compagnie, de n'introduire aucun sujet capable de subordonner ou d'humilier seulement les autres (a):

(a) Si l'Abbé Desfontaines eût prévu la réception de M. de Voltaire, il auroit apparemment changé de langage. On peut supposer, à la vérité, que le nouvel Académicien est maintenant au niveau des autres. C'est du moins ce que veut faire entendre un méchant railleur :

> Il fallut que Voltaire enfin
> Chantât comme prêchoit Cottin,
> Pour enlever tous vos suffrages.

Un petit homme eſt ridicule , & dé-
croît encore auprès d'un grand. Comment pouvoit-on ſouffrir Perrault &
Boyer à côté de Racine & de Deſ-
préaux ? On ſait prévenir aujourd'hui
cet inconvénient.

Or , qu'il me ſoit permis de le dire,
avec quelque vanité , ſi l'on veut :
j'étois , ce me ſemble , tout - à - fait
propre à faire un bel eſprit titré.   Je
n'étois rien moins que miſanthrope ,
& je recherchois volontiers le commerce de ces ſomptueux *Périandres* ,
dont la table ſolide & ſubſtantielle ,
eſt pour les ſages d'à préſent, d'une
autre reſſource que l'inſipide banquet
de Plutarque. Je faiſois des vers à peu
près comme ceux de ce Corps que j'ai
tant vilipendés. Qu'on joigne à ces
diſpoſitions mon extrême complai-
ſance pour mes amis , & même cette
prévention contre tous les autres, que
l'on m'a reprochée tant de fois , mais
que l'on auroit pu tourner à bien :
voilà , je crois , mes preuves faites.

J'avoue auſſi qu'il m'a manqué la
qualité la plus eſſentielle , & c'eſt

l'art de louer. Je sens tout le tort que j'ai eu de négliger *cette* utile *partie de la belle Littérature.* Je reconnois l'abus des talents contraires à celui-ci, le plus grand de tous, & je déteste par conséquent les miens comme Ovide. Si le plus sincere repentir est capable de réparer le mal que j'ai fait, j'offre toute l'amertume du mien à ceux qui ont éprouvé les traits de ma plume. Je voudrois qu'il me fût possible d'en effacer jusqu'aux moindres traces, ou de les émousser dans le miel. Je souhaite, dans cet esprit, que ce Testament, écrit de ma main volontairement, & sans aucune suggestion, en soit à jamais le préservatif. Je veux du moins qu'il soit regardé par tous & un chacun, comme un désaveu public & formel de tout ce qui a pu blesser le plus médiocre Ecrivain dans mes Œuvres critiques. Sur ce, je recommande à tous mes amis, & même à la générosité de mes ennemis, le soin de ma mémoire.

FIN.